워터 소믈리에 자격검정 예상문제집

고재윤 · 강지원 · 엄선옥 · 이선영 · 최윤진

머리글

　미래학자 앨빈 토플러는 20세기가 석유의 시대였다면 21세기는 물의 시대가 될 것이라고 전망한 바 있다. 4차 산업혁명이 도래하면서 미래직업 100위 안에 '워터 소믈리에'가 상위권에 속해 있으며, 우리나라에서도 먹는샘물이 단순히 식수에 그치는 것이 아니라 깨끗하고 맛있으며 건강에 좋은 물을 찾는 소비자들이 늘어나면서 자신의 건강, 미용 등에 적합한 좋은 먹는샘물을 찾기 위해 '워터 소믈리에'의 필요성이 점차 많아지고 있다.

　'워터 소믈리에'는 먹는샘물에 대한 해박한 지식은 물론, 음식, 와인, 커피, 차(茶) 등에 대한 지식과 함께 고객들에게 차별화된 물적·인적 서비스를 제공하여 고객만족도를 이끌어내는 전문가를 말한다. 또한 레스토랑의 매출액 증대를 위하여 고객지향적인 서비스로 고객을 즐겁게 해주는 경영자의 자세를 갖춘 직업인이 되어야 한다. 메뉴와 조화를 이루는 먹는샘물을 추천하거나, 커피 추출에 적합한 최고의 물을 추천해주고, 차를 우릴 때 종류별로 적합한 물을, 혹은 음식을 만들 때 최적의 물을 추천하거나 막걸리, 청주, 위스키, 소주 등 종류에 따라 적합한 물을 추천해주는 등 다양한 업무가 있기에 더욱 전문성을 지닌 직업인으로 각광받을 수가 있다.

　이미 유럽, 미주의 고급호텔과 미쉐린 가이드 레스토랑에서는 '워터 소믈리에'를 채용하여 고객들에게 음식에 어울리는 먹는샘물을 추천해주면서 레스토랑 차별화전략에 성공했다. 우리나라에서도 먹는샘물의 소비가 확산되고 대중화됨에 따라 관광호텔, 미쉐린 가이드 레스토랑, 고급 레스토랑을 중심으로 '워터 소믈리에'의 역할이 중요한 시점에 와 있다.

본서는 국제소믈리에협회(ASI ; The Association de la Sommellerie Internationale)의 회원국인 (사)한국국제소믈리에협회(KISA ; Korea International Sommelier Association)에서 주관하는 '워터 소믈리에 자격증' 취득과 '한국 국가대표 워터 소믈리에 경기대회' 준비를 위한 예상 문제집으로써 '워터 소믈리에'가 알아야 할 내용을 중심으로 다루어졌다.

본서의 특징은 '워터 소믈리에' 자격검정의 필수교재인 '워터 커뮤니케이션'을 중심으로 한국 국가대표 워터 소믈리에, (사)한국국제소믈리에협회 소속의 출제전문위원, 워터 소믈리에 교육 담당자 등 먹는샘물 전문가들이 직접 출제한 문제로 난이도별 등급 표시를 하여 이해도를 높였다.

앞으로는 '워터 소믈리에'의 직업이 더욱 각광을 받게 될 것이며 호텔, 레스토랑뿐만 아니라 백화점, 대형마트, 워터 바, 수자원 개발공사, 먹는샘물 수입회사, 먹는샘물 유통회사, 정수기 회사 등 확장된 영역에서의 활약이 기대된다. '워터 소믈리에'를 꿈꾸는 많은 사람들이 본서를 통해 '워터 소믈리에'로서 꿈을 펼치기를 바라며, 새로운 직업에 도전하기를 기대한다.

2018년 4월
워터 소믈리에 자격검정 예상문제집 저자 일동

Contents...

01 | 먹는샘물의 역사 / 8

02 | 물의 원천과 종류 / 20

03 | 먹는샘물의 품질과 평가 / 34

04 | 먹는샘물의 탄산화 등급 / 52

05 | 음식과 먹는샘물의 조화 / 62

06 | 생활 속의 먹는샘물 활용법 / 74

07 | 건강을 위한 먹는샘물 선별법 / 84

08 | 워터 소믈리에의 세계 / 94

09 | 워터 테이스팅 / 104

10 | 국가별 명품 먹는샘물 / 126

11 | 워터 마케팅과 상식 / 166

12 | 스페셜 사진문제 / 186

13 | 기출문제 / 210

14 | 부록 / 218

먹는샘물의 역사

01

OX형

★ 01
고대 그리스 철학자 탈레스(Thales)는 만물의 근원이 땅(地), 물(水), 공기(空氣), 불(火)이라는 사원설을 주장하였다.

탈레스는 '물이 만물의 근원'이라 하여 일원설을 주장하였다.

▪ X

★ 02
유럽의 수자원 역사에서 먹는샘물이 가장 먼저 상업적으로 이용된 지역은 프랑스의 에비앙(Evian)이다.

▪ ○

★ 03
우리나라는 1994년 일시적으로 먹는샘물 판매가 허용되었다.

1988년 서울 올림픽 무렵 외국인들을 위하여 일시적으로 먹는샘물 판매를 허용했던 적이 있으며 다시 판매를 제한하였다.

▪ X

★ 04
'물이 만물의 근원'이라 하여 일원설을 주장한 철학자는 아리스토텔레스이다.

일원설을 주장한 철학자는 탈레스이다.

▪ X

★ 05
과학자들이 추측하는 물의 역사는 36억 년 전에 시작되었다.

46억 년 전으로 추측하고 있다.

▪ X

★ 06

인류의 4대문명 발상지의 발달과정을 보면 물의 취수, 저장과 적정량의 공급이 요구되는 유목생활과 함께 발전한 것을 알 수 있다.

4대 문명은 풍부하고 깨끗한 물이 필요한 농경생활과 함께 발달되었다.

■ X

★★ 07

로마의 황궁과 수도원에 물을 공급하기 위해 산탄젤로(Sanyt'Angelo)성에서 물을 끌어 사용하였으나 물이 부족하여 로마에서 92km 떨어져 있는 아니오(Anio)강으로부터 물을 끌어와 사용하였다.

부족한 물을 아니오(Anio)강으로부터 끌어와 사용하였다.

■ ○

★★ 08

먹는샘물은 우리가 마시는 상수도를 비롯하여 용기에 담아 판매하는 물을 말한다.

먹는샘물은 주로 플라스틱 용기 혹은 유리병에 담아 제조 및 판매하는 물이다. 먹는샘물은 우리나라에서 '먹는물관리법'에 의한 공식 명칭이며, 대한민국 국어사전에서는 '페트병에 담아서 파는 물'이라는 뜻의 신어로 등재해 놓고 있다.

■ X

★★ 09

지역마다 차이를 보이는 물맛은 지층의 특성으로 독특한 개성을 지니게 되는데 이것을 물의 떼루아(Terroir)라고 한다.

물의 떼루아(Terroir)란 물맛의 차이를 나타내는 지역과 지층의 특성을 말한다.

■ ○

★★
10
고대 이집트 테베(Thebes)의 아멘호테프 2세(Amenhotef Ⅱ)의 무덤 벽화에는 나일강물을 끌어올려 여러 개의 점토항아리로 정화하는 모습이 묘사되어있다.

■ ○

★★
11
프랑스 보주산맥에 위치한 콘트렉스(Contrex)는 수치 병원을 세워 명성을 얻게 되었다.
수치병원을 세워 명성을 얻은 곳은 이탈리아 퓨기(Fiuggi) 지역이다.

■ X

★★
12
세계 광천학회에서는 미국 샤스턴 광천수, 영국 나폴리나스 광천수, 우리나라 초정리 광천수를 세계 3대 광천으로 인정하고 있다.
세계 3대 광천수는 미국 샤스턴 광천수, 영국 나폴리나스 광천수, 우리나라 초정리 광천수이다.

■ ○

★★★
13
1986년 미군부대에 납품된 '다이아몬드' 먹는샘물이 우리나라 최초의 상업적 먹는샘물 판매라고 할 수 있다.
다이아몬드 먹는샘물이 우리나라에서 공식적으로 판매를 시작한 것은 1976년이다.

■ X

★★★
14
우리나라의 정수기 대부분은 역삼투압 방식을 채택하고 있으며, 정수기의 주기적인 관리가 필요하다.
우리나라의 대부분 정수기는 역삼투압 방식을 채택하고 있으며, 정수기를 주기적으로 관리하지 않을 경우 정수수에 심각한 세균 오염 문제가 발생할 수 있다.

■ ○

선택형

★ 01
사원설(四元設)에 해당되지 않는 것은?
① 땅   ② 물
③ 하늘   ④ 공기

아리스토텔레스와 엠페도클레스는 만물의 근원이 땅, 물, 공기, 불이라는 사원설을 주장하였다.

■ ③

★ 02
루르드(Lourdes) 샘물과 관련이 없는 것은?
① 성모 마리아   ② 베르나데트 소녀
③ 프랑스 남서부   ④ 폴란드 국왕의 주치의

폴란드 국왕의 주치의인 바가루는 콘트렉스에 대한 설명이다.

■ ④

★ 03
워터 소믈리에의 역할이 아닌 것은?
① 먹는샘물에 대한 스토리 소개
② 고가 워터 위주의 판매
③ 음식과 먹는샘물의 조화
④ 먹는샘물 수원지의 떼루아를 설명

워터 소믈리에는 손님들에게 먹는샘물에 대한 스토리를 소개하고 먹는샘물 수원지의 떼루아를 설명하며 또한 먹는샘물의 천연 미네랄이 건강에 미치는 영향은 물론 음식과의 조화 등을 통해 먹는샘물을 추천하기도 한다.

■ ②

04 ★★

페리에 (Perrier) 먹는샘물의 설명으로 알맞지 않은 것은?

① 그래니어(Granier) 농부
② 사르디니아(Sardinia) 왕실
③ 페리에(Dr. Louis Perrier) 박사
④ 인디언 클럽(Indian Clubs : 곤봉체조)

사르디니아 왕실은 에비앙에 관한 설명이다.

■ ②

05 ★★

수자원의 역사상 가장 먼저 상업적으로 이용된 에비앙(Evian)에 대한 설명으로 맞는 것은?

① 그래니어(Granier) 농부가 매입
② 1829년 먹는샘물 회사 설립
③ 존 함스워스(St. Jone Harmsworth)의 완치
④ 나폴레옹 3세로부터 상업화에 대한 권리 인정

프랑스 에비앙은 1829년 먹는샘물을 팔기 위해 회사를 설립했다.

■ ②

06 ★★★

식품회사 회사 다논 그룹(Danone group)이 보유하고 있는 먹는샘물이 아닌 것은?

① 비텔(Vittel)
② 볼빅(Volvic)
③ 바두아(Badoit)
④ 에비앙(Evian)

세계적인 식품회사인 다논그룹의 주요 먹는샘물 상품으로는 에비앙, 볼빅, 바두아가 있으며 비텔은 네슬레가 보유하고 있다.

■ ①

★★★
07

고대 로마의 수도 관리에 대한 설명으로 올바르지 않은 것은?
① 거대한 수로시스템을 구축하여 11개의 수도관을 로마시에 제공하였다.
② 최고 수질의 물이 흐르는 수도관으로 평가되는 '아쿠아 마르시아(Aqua Marcia)'가 있었다.
③ 여러 개의 점토항아리로 모래가 섞여있는 물을 정화하였다.
④ 황궁과 수도원에 물을 공급하기 위해 로마에서 92km로 떨어져있는 아니오(Anio)강으로부터 물을 끌어와 사용했다.

고대의 이집트인들은 나일강의 모래 섞인 물을 사용하기 위해 여러 개의 점토항아리를 이용하여 여과하였다.

■ ③

★★★
08

먹는샘물의 대표적인 상업적 판매 상품인 페리에(Perrier)와 관련이 없는 것은?
① 1920년부터 판매
② '끓는 물'을 뜻하는 Les Bouillens
③ 시저(Caesar)의 로마군대
④ 베르게즈(Vergeze) 마을

1920년부터 유리병에 먹는샘물을 담아 판매하고 있는 것은 에비앙이다.

■ ①

★★★
09

19세기부터 시작된 스파 리조트 중 현재까지 이어져 오고 있는 유명한 샘물과 맞게 연결된 것은?
① 프랑스 - 스파(Spa)
② 루마니아 - 보르섹(Borsec)
③ 영국 - 쇼퐁텐(Chaudfontaine)
④ 프랑스 - 산 펠레그리노(San Pellegrino)

벨기에 - 스파(Spa), 루마니아 - 보르섹(Borsec), 벨기에 - 쇼퐁텐(Chaudfontaine), 이탈리아 - 산 펠레그리노(San Pellegrino)

■ ②

★★★ 10

초정리 광천수에 대한 설명으로 관련이 없는 것은?

① 1902년 일본인이 약수터 개발
② 천연탄산수
③ 세계3대 광천수
④ 구리스타루

일제 강점기였던 1912년 충청도 초정리 약수는 일본인이 약수터를 개발하고 '구리스타루'라는 상표로 천연사이다와 천연탄산수를 출시하였다. 세계광천학회에서 우리나라 초정리 광천수를 세계 3대 광천수로 선정하여 세계적인 물로 인정받게 되었다.

■ ①

단답형

★ 01

우리나라 최초의 먹는샘물 회사는 (　　　)이다.

김서근은 물의 수요가 늘어나면서 일손이 부족해지자 친구들을 불러 조직적인 물장수를 시작하였고, 이후 물도가인 수방도가를 차렸으며 이것이 우리나라 최초의 먹는샘물회사이다.

■ 수방도가

★ 02

세계은행 수석 부총재인 이스마일 세라겔딘(Ismail Seraeldin)은 '금세기가 석유를 놓고 전쟁을 벌인다면 다음세계는 (　　　)을 놓고 전쟁을 벌일 것'이라고 예언을 하였다.

■ 물

★★
03

고대 그리스 철학자 (　　　　　)는 '물이 만물의 근원'이라 하여 일원설을 주장하였다.

■ 탈레스(Thales)

★★
04

고대 이집트인들은 나일강의 모래가 섞인 물을 사용하기 위해 다양한 (　　　　　)을 고안하였다.

■ 여과법

★★
05

1994년 먹는샘물 판매 금지 조치는 깨끗한 물을 마실 권리를 침해한다는 판결이 내려졌고 1995년 정부에서는 (　　　　　)을 제정하고 먹는샘물 판매를 합법화했다.

■ 먹는물관리법

★★
06

(　　　　　)는 먹는샘물 수원지의 떼루아와 먹는샘물에 대한 스토리를 설명하고 먹는샘물의 천연 미네랄이 건강에 미치는 영향은 물론 음식과의 조화 등을 설명하면서 먹는샘물을 추천하기도 한다.

■ 워터 소믈리에

★★
07

거대한 수로 시스템이 구축되었던 로마전성기에 정치가인 가이우스 플리니우스 세쿤두스(Gaius Plinius Secondus)가 "수돗물이 가장 차갑고 수질이 뛰어난 물"이라고 극찬한 저서는?

■ 박물지

★★
08

아리스토텔레스와 엠페도클레스(Empedocles)는 만물의 근원이 땅, (   ), (   ), 불이라는 사원설을 주장하였다.

사원설은 만물의 근원이 땅, 물, 공기, 불이라는 설이다.

■ 물, 공기

★★★
09

물이 지닌 청정력과 생명력이 믿음의 대상이 되면서 각종 신흥종교들은 물에 대한 신앙을 수용하여 (   ), '찬물신앙'을 형성하기도 하였다.

■ 물법신앙

★★★
10

콘트렉스(Contrex)는 폴란드 국왕의 주치의인 (   )가 이곳 마을에서 생산되는 먹는샘물을 1760년에 치유의 물로 발표한 후 유명해졌다.

■ 바가루(Bagaru)

★★★
11

프랑스 남서부 미디피레네(Midi-Pyrénées) 주에 위치한 (   ) 지역은 1858년 '베르나데트'라는 소녀가 성모 마리아를 마사비엘 동굴에서 18회 알현하고 치유하면서 '성수'로 유명해졌다.

■ 루르드(Lourdes)

서술형

01
프랑스 남서부에 위치한 루르드(Lourdes) 샘물의 발견에 대해 서술하시오.

1858년 베르나테트라는 14세 소녀가 이곳에 있는 마사비엘의 동굴에서 18회에 걸쳐 성모마리아를 알현하고 기도와 보속행위, 생활의 회개를 촉구하는 메시지를 들었다고 전해진 후부터 해마다 수많은 순례자들이 찾아오는 성지가 되었으며 동굴 속에 있는 샘물은 성수(聖水)로 알려지게 되었고 치료에 신통한 효험이 있어 불치병 환자들이 많이 찾는다. 루르드 샘물은 가톨릭에서 숭배하는 수원지로 건강상의 목적을 위한 성지 순례의 장소가 된 곳이다.

02
'먹는샘물'의 정의에 대해 쓰시오.

먹는샘물은 주로 플라스틱 용기 혹은 유리병에 담아 제조 및 판매하는 물이며 우리나라에서 '먹는물관리법'에 의한 공식적인 명칭이다. 대한민국 사전에서는 '페트병에 담아서 파는 물' 이라는 뜻의 신어로 등재해 놓고 있다.

03
워터 소믈리에의 역할에 대해 쓰시오.

워터 소믈리에는 손님들에게 먹는샘물에 대한 스토리를 소개하고 먹는샘물 수원지의 떼루아를 설명한다. 또한 먹는샘물의 천연 미네랄이 건강에 미치는 영향은 물론 음식과의 조화 등을 설명하여 먹는샘물을 추천하기도 한다.

04
지구에서 물의 생성에 대해 과학자들이 추측하는 다양한 과정에 대해 설명하시오.

- 지구가 탄생할 때 이미 우주 먼지 속에 상당한 물이 존재했다는 설
- 마그마가 들끓었던 49억 년 전의 지구에 마그마가 식어가면서 수증기를 만들고 수증기는 비가 되고 강이 되어 바다를 만들었다는 설
- 지구에 충돌한 수많은 유성들이 얼음을 가져오고, 그 얼음이 물이 되었다는 설

물의 원천과 종류

02

OX형

★ 01

물의 원천에 따른 일반적인 물의 종류로는 광천수, 용천수, 자분정, 우물, 빗물, 빙하, 빙산, 호수, 개울, 저수지, 해양심층수 등이 있다.

물의 종류는 수원지의 형태에 따라서 혹은 물의 성분에 따라서 구분 가능하며 광천수, 용천수, 자분정, 우물, 빗물, 빙하, 빙산, 호수, 개울, 저수지, 해양심층수 등이 있다.

■ ○

★ 02

해양심층수는 400m아래에 있는 깊은 바닷물로서 표층수와 뚜렷이 구분이 되며, 청정성이 뛰어나고 미네랄과 영양염류가 풍부하다.

해양심층수는 200m아래에 있는 깊은 바닷물로서 강수, 풍랑, 증발 등의 영향을 많이 받는 표층수와 뚜렷이 구분된다. 해양심층수는 대서양, 인도양, 태평양 등에서 순환하는 해수가 북대서양 그린란드나 남극 웨델해의 차가운 빙하해역을 만나면서 생성된다.

■ X

★ 03

수돗물은 담수를 철저하게 소독하여 위생적으로 처리한 물을 의미한다.

수돗물은 담수를 철저하게 소독하여 위생적으로 처리한 물이며, 염소 소독과정에 트리할로메탄(THM)이 극미량 포함되지만 문제되지 않는다고 한다. 수돗물의 수원지는 저수지나 호수, 강이며, 취수되면 고도의 정수처리기법을 사용하여 정제한다.

■ ○

★ 04

시판되는 '해양심층수'는 해양심층수 원수를 20배 이상 희석시킨다.

시판되는 '해양심층수'는 음용수로 만들기 위해 보통 해양심층수를 20배 이상 희석시킨다.

■ ○

★★
05

지하수가 지표상으로 분출하는 우물이면서, 지표 위로 분출하지 않더라도 수위가 우물 속 대수층의 상면보다 높으면 자분정이라 한다.

■ ○

★★
06

우물물은 물의 수위가 지표 위로 분출하지 않더라도 수위가 우물 속 대수층의 상면보다 높은 것이다.

지하수가 지표상으로 분출하는 우물이면서 지표위로 분출하지 않더라도 수위가 우물 속 대수층의 상면보다 높으면 자분정이라고 한다.

■ X

★★
07

우물물은 미네랄이 풍부하고 TDS가 함유되어 있어 광천수나 자분정과 유사한 수질을 자랑한다.

블라인드 테이스팅으로 우물물과 자분정을 비교해보면 우월을 가리기 쉽지 않다고 한다. 우물물도 미네랄이 풍부하고 TDS가 함유되어 있어 자분정과 유사한 수질을 자랑한다.

■ ○

★★
08

동의보감에 나타나는 삼청동 백호수는 예로부터 장을 담그는 데 사용하였다.

허준의 동의보감 속 다양한 물 이야기를 보면 우리 조상들은 장을 담그는 데 삼청동 청룡수를 주로 사용하였다.

■ X

★★
09
정월에 처음 내린 빗물을 받은 춘우수는 불임치료수로 한약에 사용되었다.

정월에 처음 내린 빗물을 춘우수(春雨水)라고 하며 겨울에 내리는 빗물이기에 귀할 수밖에 없다.

■ ○

★★
10
우물물을 원천으로 만든 먹는샘물 제품으로는 영국의 하이랜드 스프링(Highland Spring), 카루(Karoo), 힐든(Hildon) 등이 있다.

우물물을 원천으로 만든 먹는샘물로 영국의 하이 랜드 스프링(Highland Spring), 타우(Tau), 힐든(Hildon) 등이 있으며 카루(Karoo)는 남아프리카공화국에서 생산되는 용천수이다.

■ X

★★★
11
2013년 2월 기준 우리나라의 해양심층수 취수지역은 강릉 정동진, 동해 추암, 속초 외옹치, 울릉 저동, 울릉 태하, 울릉 현포, 고성 오호, 양양 원포, 고성 삼포 등 총 9곳이다.

국토해양부에서 지정한 해양심층수 취수해역은 2008년 4월 지정한 강릉 정동진, 동해 추암, 속초 외옹치, 울릉 저동과 2013년 2월 지정한 고성 오호, 양양 원포, 울릉 태하, 울릉 현포, 총 8곳이다.

■ X

★★★
12
동의보감 수품론에서는 자연의 물을 기본 17가지로 구분하고 2차적인 상태를 포함하여 33계로 분류하였다.

동의보감(1610년)은 중국과 우리나라 의서들, 임상의학적 치료법을 모아 완성한 한의학의 백과사전이라고 할 수 있다. 동의보감의 수품론에는 자연의 물을 기본 17가지로 구분하고 2차적인 상태를 포함하여 33계로 분류하였다.

■ ○

★★★
13

지상천(池狀泉)은 분지에서 용출하여 물이 저장된 상태를 의미하며, 습지천은 지하수면의 노출로 소택상을 이루는 형태를 의미한다.

물을 형태적으로 나누어 보면 병출천, 지상천, 습지천으로 분류할 수 있으며, 병출천은 암석의 균열에서 유래한 열하천이 있고, 지상천은 분지에서 용출하여 물이 저장된 상태를 말하며, 습지천은 지하수면의 노출로 소택상을 이루는 것이다.

■ ○

★★★
14

황토 흙물을 의미하는 무근수(無根水)는 차고 독이 없는 성질을 가졌으며, 해독작용과 피로회복에 효과가 있다.

무근수(無根水)라고도 하는 지장수(地裝水)는 황토 흙물을 말한다. 물의 성질은 차고 달며 독은 없다. 이 물은 독버섯, 음식물, 중금속 등의 독을 풀어주며 심신의 피로회복에도 효과가 있다.

■ ○

★★★
15

석회암지역의 동혈(洞穴)에서 용출하는 동혈천(카르스트 천)이나 용암 등 다공질 암석의 균열에서 용출하는 샘을 암열천(岩裂泉)이라고 하는데, 암열천의 용출량은 지층천보다 적은 것이 특징이다.

암열천의 용출량은 지층천보다 훨씬 많은 것이 특징이며, 용출량에 따라 분류하는 경우도 있다.

■ X

★★★
16

바닷물이 암반층에 의해 자연 여과되어 육지의 지하 대수층에 스며든 물을 '암반 해수'라고 하며, 제주에서는 화산 암반층에 의해 자연 여과되어 육지 지하수에 스며든 물이라고 하여 '용암 해수'라고 한다.

■ ○

선택형

★ 01
동의보감에 소개되어 있는 33계의 물의 종류 중에 의미가 잘못 짝지어진 것은?
① 정화수(井華水) - 고요하고 조용한 새벽에 처음 길은 우물물
② 한천수(寒泉水) - 납일에 내린 눈을 받아 만든 물
③ 국화수(菊花水) - 국화꽃이 활짝 핀 연못의 물을 정수한 물
④ 옥정수(玉井水) - 옥이 나오는 지역에서 샘솟아 나오는 물

한천수(寒泉水)는 차고 깨끗한 샘물이나 우물물을 말하며, 이른 새벽에 길어 와서 물독이나 저장고에 붓지 않은 상태의 물을 이르기도 한다.

■ ②

★ 02
동의보감에 소개된 물로 가을 아침 해가 뜨기 전에 이슬을 받은 물을 무엇이라 하는가?
① 춘우수(春雨水)　　　　　　② 추로수(秋露水)
③ 입춘수(立春水)　　　　　　④ 벽해수(碧海水)

추로수(秋露水)는 가을에 아침 해 뜨기 전, 이슬을 받은 물로서 깊은 산 속에 있는 정성이 깃든 물이다.

■ ②

★ 03
캐나다의 먹는샘물 중 버그(Berg)의 원수원은 무엇인가?
① 빙하수(氷河水)　　　　　　② 빙산수(氷山水)
③ 해양심층수(海洋深層水)　　④ 용천수(湧泉水)

빙하수를 상품화한 먹는샘물로는 캐나다의 버그(Berg), 아이스 에이지(Ice Age) 그리고 이탈리아 트랜티노 지역의 수르지바(Surgiva)등이 있다.

■ ①

04

다음 중 원수원이 다른 먹는샘물은 무엇인가?
① 게롤슈타이너(Gerlosteiner)
② 하와이안 스프링스(Hawaiian springs)
③ 라쿤(Lauquen)
④ 힐든(Hildon)

독일의 게롤슈타이너(Gerlosteiner)와 미국의 하와이안 스프링스(Hawaiian springs), 아르헨티나의 라쿤(Lauquen)의 원수원은 자분정이며, 영국의 힐든(Hildon)은 우물물을 원수원으로 한다.

■ ④

05

다음 중 해양심층수가 아닌 먹는샘물은 무엇인가?
① 코나 딥(Kona deep)
② 천년동안
③ 아이스 에이지(Ice Age)
④ 미네워터

캐나다의 아이스 에이지(Ice Age)는 빙하수이다.

■ ③

06

우리 조상들이 나눈 물의 종류와 용도가 잘못 짝지어진 것은?
① 인왕산 백호수(白毫水) – 한약을 달이는 물
② 삼청동 청룡수(靑龍水) – 김치를 담그는 물
③ 감로수(甘露水) – 명약중의 명약
④ 남산 주작수(朱雀水) – 여인들이 머리를 감는 물

인왕산 백호수(白毫水)는 약을 달이는 데 사용하였고, 삼청동 청룡수(靑龍水)는 장을 담그는 데 사용하였으며, 남산의 주작수(朱雀水)는 여인들의 머리를 감는 물로 사용하였고, 감로수(甘露水)를 명약 중에 명약이라고 하였다.

■ ②

★★ 07

다음 중 용천수를 용출상황에 따라 분류한 것에 해당되지 않는 것은?

① 부단천(不斷泉)
② 습지천(濕地泉)
③ 일시천(一時泉)
④ 간헐천(間歇泉)

용천수(湧泉水)의 용출상황에 따른 분류에는 부단천(不斷泉), 일시천(一時泉), 간헐천(間歇泉)에 있으며 습지천(濕地泉)은 형태적 분류에 해당된다.

■ ②

★★ 08

다음 중 빙하수를 상품화한 먹는샘물이 아닌 것은?

① 아이스 버그 워터(IceBerg Water)
② 버그(Berg)
③ 아이스 에이지(Ice Age)
④ 수르지바(Surgiva)

캐나다의 아이스 버그 워터(Iceberg Water)는 빙산으로 만든 먹는샘물이며 캐나다의 버그(Berg), 아이스 에이지(Ice Age), 그리고 이탈리아의 수르지바(Surgiva)는 대표적인 빙하수이다.

■ ①

★★★ 09

다음 중 우리나라 해양심층수 취수지역이 아닌 곳은 무엇인가?

① 속초 외옹치
② 동해 추암
③ 독도 나리
④ 양양 원포

국토해양 관련부처는 2008년 4월 1일 강릉 정동진, 동해 추암, 속초 외옹치, 울릉 저동, 4개 지역을 해양심층수 취수해역으로 지정하였으며, 2013년 2월에는 고성 오호, 양양 원포, 울릉 태하, 울릉 현포의 4개 해역을 다시 포함시켜 우리나라 해양심층수 취수지역은 모두 8개로 확대되었다.

■ ③

10 ★★★

조선 후기 대선사인 초의선사가 다신전과 동다송에서 언급한 차를 우리는 물에 대한 성질로 잘못 짝지어진 것은 무엇인가?

① 수하천수(水下泉水) – 맑고 무거움
② 사중천수(砂中泉水) – 맑고 차가움
③ 석중천수(石中泉水) – 맑고 담백함
④ 자연천수(自然泉水) – 맑고 가벼움

초의선사는 다신전과 동다송에서 차를 우리는 물에 대한 성질로 자연천수(自然泉水)는 맑고 가볍고, 수하천수(水下泉水)는 맑고 무거우며, 석중천수(石中泉水)는 맑고 달며, 사중천수(砂中泉水)는 맑고 차가우며, 토중천수(土中泉水) 담백하다고 하였다.

■ ③

11 ★★★

용천을 지형적으로 분류한 것과 의미가 잘못 짝지어진 것은 무엇인가?

① 애하천 – 하천의 제방을 따라 발달한 것
② 곡벽천 – 계곡의 측벽에 발달한 것
③ 중력천 – 대수층이 사력으로 구성되어 있는 것
④ 선단천 – 선상지의 말단에 분포하는 것

용천을 지형적으로 분류하면, 하천의 제방을 따라 발달한 연하천, 계곡의 측벽에 발달한 곡벽천, 대지와 단구애 등에서 용출하는 애하천, 지하수면이 지표면의 웅덩이에 생긴 연못이나 소택지 모양의 요지천, 선상지의 말단에 분포하는 선단천 등이 있다. 만약 대수층이 사력으로 구성되어 있다면 중력천으로 지층천이라고도 한다.

■ ①

12 ★★★

물의 원천과 종류가 잘못 짝지어진 것은?

① 용천수 : 초정리 약수
② 자분정 : 미국 하와이안 스프링(Hawaiian springs)
③ 빗물 : 호주 태즈메니아의 클라우드 주스(Cloud Juice)
④ 우물 : 아르헨티나의 라쿤(Lauquen)

아르헨티나의 라쿤은 자분정에서 취수하여 가공한 먹는샘물이다.

■ ④

단답형

★ 01
한강에서 물을 취수하여 정수과정을 통해 생산되는 먹는샘물은 무엇인가?

수돗물을 원수로 사용한 먹는샘물은 수원지의 지명을 밝혀서 시중에 판매되고 있는데, 한강을 수원지로 둔 먹는샘물은 '아리수'이다.

■ 아리수

★ 02
동의보감에 소개된 물 중 볏짚 지붕에서 흘러내린 빗물을 의미하는 옥류수(屋霤水)는 (　　　)이라고도 한다.

낙숫물이라고도 하는 옥류수(屋霤水)는 볏짚 지붕에서 흘러내린 빗물을 말한다.

■ 낙숫물

★ 03
한의학의 백과사전이라고 불리는 허준(許浚)의 동의보감에서는 자연의 물을 기본 17가지로 구분하고 2차적 상태를 포함하여 (　　　)로 분류하였다.

동의보감(1610년)은 중국과 우리나라 의서들, 임상의학적 치료법을 모아 완성한 한의학의 백과사전이라고 할 수 있다. 동의보감의 수품론에는 자연의 물을 기본 17가지로 구분하고 2차적인 상태를 포함하여 33계로 분류하였다.

■ 33계

★ 04
남극이나 북극의 거대한 얼음덩어리인 (　　　)에서 떨어져 나와 해류에 떠다니는 얼음덩어리를 (　　　)이라고 한다.

남극이나 북극의 거대한 얼음덩어리를 빙하(glacier)라고 하며, 빙하에서 떨어져 나와 해류에 떠다니는 얼음덩어리를 빙산(iceberg)이라고 한다. 빙산의 밀도는 바닷물보다 작으며, 보이는 부분(11%)보다 바다 속에 잠겨있는 부분(89%)이 훨씬 크다.

■ 빙하, 빙산

★★
05

물의 종류 중 지하수가 지표상으로 분출하는 우물이면서 지표위로 분출하지 않더라도 수위가 우물 속 대수층의 상면보다 높은 것을 무엇이라 하는가?

■ 자분정(自噴井) 또는 Artesian Well

★★
06

빗물을 받아 상품화한 미국 오리건 주의 먹는샘물로는 (　　　)이 있다.

빗물을 받아 상품화한 먹는샘물로는 호주 태즈메니아 섬의 카페그림(Cape Grim), 클라우드 주스(Cloud Juice), 태즈메니아 레인(Tasmanian Rain), 그리고 미국 오르건 주의 오리건 레인(Oregon Rain) 등이 있다.

■ 오리건 레인(Oregon Rain)

★★
07

납일에 내린 눈을 받아 만든 물로 만병통치약이라고 불리는 (　　　)는 여러 가지 독을 해독하는 데 사용된다.

납일에 내린 눈을 받아 만든 물로써 성질은 차며 맛은 달고 독이 없다. 만병통치약이라 불리며, 유행성 감기, 폐렴, 급성 열병, 돌림 열병, 술 마신 뒤의 급성고열, 황달 치료 등 여러 가지 독을 해독하는데 사용된다.

■ 납설수

★★
08

조선후기의 대선사였던 (　　　)은/는 우리나라 최초의 차 관련 서적인 다신전과 (　　　)을/를 통해 차를 우리는 물에 대한 성질을 설명하였다.

조선후기의 대선사였던 초의선사는 우리나라 최초의 차 관련서적인 다신전과 동다송을 통해 차나무에서부터 차 만드는 방법까지 여러 가지 지식과 경험을 시의 형식으로 담아냈으며, 차를 우리는 물에 대한 성질도 설명하였다.

■ 초의선사, 동다송

★★ 09

동의보감에서 소개한 33계 물의 종류 중 황토 흙물을 말하며 무근수(無根水)라고도 불리는 물은 무엇인가?

■ 지장수

★★★ 10

용천수는 항상 용출하는 (　　　), 특정 계절 또는 강수가 있을 때만 용출하는 일시천(一時泉), 일정 기간 간헐적으로 용출하는 간헐천(間歇泉)으로 구분할 수 있다.

광천수 혹은 용천수는 용출상황, 화학조성, 온도, 성분 그리고 지형이나 지질에 따라 형태적, 구조적으로 분류할 수 있는데, 용출상황에 따른 분류에는 항상 용출하는 부단천, 특정 계절 또는 강수가 있을 때만 용출하는 일시천, 일정 기간 간헐적으로 용출하는 간헐천으로 구분할 수 있다.

■ 부단천(不斷泉)

★★★ 11

초의선사가 다신전과 동다송에서 소개한 차를 우리는 물에 대한 성질 중 맑고 가벼운 성질을 가진 물을 (　　　)라고 하였다.

조선후기 대선사였던 초의선사는 우리나라 최초의 차 관련 서적인 다신전과 동다송에서 차를 우리는 물에 대한 성질도 설명하였는데, 자연천수는 맑고 가벼운 성질을 가지고 있다고 하였다.

■ 자연천수

★★★ 12

옛 한의학자들은 우리나라에서 제일 맛있으면서 효능이 좋은 물을 충주의 (　　　)라고 하였다.

옛 한의학자들은 우리나라에서 첫 번째로 맛있으면서 효능이 좋은 물은 충주의 달천수, 두 번째로 맛있는 물은 오대산에서 흘러 나와 한강 한 가운데를 통과하는 우중수, 세 번째로 맛있는 물은 속리산에서 흐르는 삼타수라고 하였다.

■ 달천수

서술형

01
해양심층수의 다섯 가지 특징을 서술하시오.

해양심층수로 인정받기 위해서는 다음과 같은 다섯 가지 조건을 만족시켜야 한다. 첫째, 미네랄이 표층수보다 풍부해야 하며 둘째, 코발트나 알루미늄이 적어야 하며 셋째, 중금속 오염이 없어야 하며 넷째, 저온유지로 미생물이 서식하지 않아 오염되지 않아야 하며 다섯째, 유기물의 분해산물인 영양염류가 풍부하여 영양성이 높아야 한다.

02
광천수의 정의와 광천수를 원수원으로 하는 대표적인 먹는샘물 3가지를 서술하시오.

외부의 지원 없이 자연스럽게 지표 위로 분출하는 물을 광천수 혹은 샘물이라고 정의한다. 광천수가 원수원인 먹는샘물은 프랑스의 에비앙, 이탈리아의 레비씨마, 우리나라 초정탄산수가 있다.

03
빙하수에 대해 서술하시오(정의, 특징, 맛, 상품화된 먹는샘물 등).

빙하가 녹은 물을 빙하수라고 하며, 빙하는 지구상에서 규모가 가장 큰 담수자원인 동시에 가장 오래된 수자원이다. 빙하는 거의 오염되지 않은 고에너지 상태의 물로서 수질이 매우 우수하다. 하지만 빙하수원의 가파른 지형은 동물들도 살기 어렵기 때문에 사람들의 접근이 쉽지 않아 취수가 어렵다. 빙하수는 때로 17,000년보다 더 이전에 형성된 것도 발견할 수 있다. 보통 빙하수는 적은 양의 미네랄을 함유하고 있으며 맛과 수질이 빗물과 유사하다. 빙하수를 상품화한 먹는샘물로는 캐나다의 버그(Berg), 아이스 에이지(Ice Age), 이탈리아 트랜티노 지역의 수르지바(Surgiva) 등이 있다.

04
해양심층수의 형성 과정에 대하여 서술하시오.

해양심층수는 크게 2종류로 구분하는데 첫째, 그린란드 근처의 빙산은 수천 년 전에 녹기 시작하였으며 빙산이 녹은 물은 근처에 있는 바닷물의 온도와 염분의 차이로 바닥으로 가라앉아 해양심층수를 이루고, 북태평양 순환류를 타고 지구를 돈다. 둘째, 해양심층수는 200m 아래에 있는 깊은 바닷물로서 강수, 풍랑, 증발 등의 영향을 많이 받는 표층수와 뚜렷이 구분된다. 이 때 대서양·인도양·태평양 등에서 순환하는 해수가 북대서양 그린란드나 남극 웨델해의 차가운 빙하해역을 만나면서 생성된다. 순환류가 빙하해역을 통과하면서 수온이 2도 이하로 차가워지고 해수의 비중이 아주 커지게 되어 깊은 바다로 가라앉게 된다. 이렇게 가라앉은 해수는 고온·고염분을 지닌 표층수와 뚜렷한 밀도 차이로 인해 다른 해역과 섞이지 않는 거대한 바다층을 형성하게 된다.

먹는샘물의 품질과 평가

03

OX형

★
01
와인 테이스팅은 후각과 미각이 강조되는 반면 워터 테이스팅은 구강촉감이 매우 중요하다.

■ ○

★
02
TDS 함량이 낮은 먹는샘물은 깨끗하고 중성적인 맛과 적은 무게감을 주며, TDS 함량이 높은 먹는샘물은 무겁고 단단한 느낌을 준다.

■ ○

★
03
경도는 물의 세기 정도를 나타내는 것으로, 주로 물에 녹아있는 칼륨(K)과 마그네슘(Mg) 이온의 양을 표준물질의 중량으로 환산하여 표시한 것이다.

경도는 물이 녹아있는 칼슘(Ca)과 마그네슘(Mg) 이온의 양을 표준물질의 중량으로 환산하여 표시한 것이다.

■ X

★
04
후각은 특정물질에서 확산되어 나온 분자가 코 속의 후세포를 자극하여 향이나 냄새를 감지하는 감각을 말한다.

후각은 특정물질에서 확산되어 나온 분자가 코 속의 후세포를 자극하여 향이나 냄새를 감지하는 감각을 말한다.

■ ○

★
05
물의 섬세한 맛은 물이 함유하고 있는 미네랄에 의해 주로 결정된다.

물의 섬세한 맛은 물이 함유하고 있는 미네랄에 의해 결정된다.

■ ○

★
06
먹는샘물의 산성이나 알칼리성 정도는 pH(수소이온농도지수)로 평가한다.

pH(수소이온농도지수)는 물의 산성이나 알칼리성 정도를 나타내는 수치로써 수소이온농도의 지수를 나타낸다.

■ ○

★★
07
구강촉감은 음식을 먹었을 때 입에서 느끼는 촉감으로, 음식의 질감 혹은 텍스처(texture)라고 한다. 물의 경우는 바디(body)감으로 인식하는 것이 워터 테이스팅에 도움이 된다.

■ ○

★★
08
칼슘은 무르고 은회색을 띠며 다른 알칼리토금속들과 마찬가지로 반응성이 커서 자연 상태에서는 원소 그 자체로 존재한다.

칼슘은 반응성이 커서 자연 상태에서는 원소 그 자체로 존재하지 않고 화합물로만 존재한다.

■ X

★★
09
성인들은 보통 하루에 3g정도의 나트륨이 필요하지만, 극심한 육체적 스트레스를 받을 경우는 15g 이상 필요할 수도 있다.

■ ○

★★★
10
경도는 칼슘과 마그네슘의 함유량을 사용하여 리터당 그램으로 측정한다.

경도는 칼슘과 마그네슘 함유량을 리터당 밀리그램으로 측정한다.

■ X

★★★
11
질산염 함유량이 10~50mg/L이면 Acceptable(보통)으로 구분한다.

질산염 함유량이 10~50mg/L이면 음용 적합(Portable)으로 구분한다.

■ X

★★★
12
세계보건기구(WHO)는 식수에 질산염이 100mg/L가 넘지 않도록 권장하고 있다.

세계보건기구(WHO)는 식수에 질산염이 50mg/L가 넘지 않도록 권장하고 있다.

■ X

★★★
13
인간의 후각 수용체는 350개가 있으며, 하나의 수용체가 하나의 냄새를 담당한다.

인간의 후각수용체는 350개가 있으며, 하나의 수용체가 하나의 냄새를 담당하는 것이 아니라, 하나의 물질에 수용체 몇 개가 동시에 반응하여 활성화된 수용체의 조합에 따라 뇌가 느끼는 냄새가 결정된다.

■ X

★★★
14
먹는샘물 라벨에 '고 미네랄 함유(high mineral content)'라고 표기하기 위해서는 1,000mg/L 이상의 TDS를 함유하고 있어야 한다.

1,500mg/L 이상의 TDS양을 함유하고 있으면 '고 미네랄 함유(high mineral content)' 레이블을 허용한다.

■ X

★★★
15

수원지의 오염도는 질산염(nitrate)으로 측정하며, 반대는 순수성으로 하나의 질소 원자와 세 개의 산소 원자가 구성되어있는 무기화합물에 의해 결정되어진다.

■ ○

★★★
16

pH(수소이온농도지수)에서 H+의 농도가 OH−의 농도보다 높으면 pH가 높아지고 알칼리성을 띤다.

pH(수소이온농도지수)는 물의 산성이나 알칼리성 정도를 나타내는 수치로써 수소이온농도의 지수를 나타낸다. H+의 농도가 높아지면 산성을 띠고, H+와 OH−의 농도가 같으면 중성, OH−의 농도가 높아지면 알칼리성을 띤다.

■ X

★★★
17

천연탄산수로는 독일의 아폴리나리스(Apolinaris), 게롤슈타이너(Gerolsteiner), 프랑스의 바두아(Badoit), 와트윌러(Wattwiller)가 있다.

독일의 아폴리나리스, 게롤슈타이너, 프랑스의 바두와, 와트윌러, 이탈리아의 페라렐레, 루마니아의 보르섹 등은 천연탄산수로 널리 알려져 있다.

■ ○

★★★
18

미국의 하와이안 스프링스(Hawaiian Springs)는 빈티지가 매우 젊은 먹는샘물이며, 미국의 트리니티(Trinity)는 160년 빈티지의 먹는샘물이다.

미국의 하와이안 스프링스는 빗물을 정제하여 병입하였기 때문에 매우 젊은 먹는샘물이며, 미국 아이다호(Idaho)에서 생산되는 트리니티(Trinity)는 16,000년 빈티지의 먹는샘물이다.

■ X

선택형

01
먹는샘물을 평가하는 요소인 풍미(flavor)를 구성하는 감각이 아닌 것은?
① 시각
② 미각
③ 후각
④ 구강촉감

먹는샘물을 평가하는 요소인 풍미는 미각, 후각, 구강촉감으로 구성되어 있다.

■ ①

02
다음 중 중경수(Moderately Hard)에 해당하는 경도의 범위는?
① 0~17.1mg/L
② 17.1~60mg/L
③ 60~120mg/L
④ 120~180mg/L

■ ③

03
다음 중 약알칼리성(Hint of Sweet)의 pH정도는?
① pH 5~6.7
② pH 6.7~7.3
③ pH 7.3~7.8
④ pH 7.8~10

■ ③

★ 04

TDS 함유량이 50~250mg/L이면 무엇이라고 구분하는가?

① Super Low ② Medium
③ Low   ④ High

TDS 함유량이 50~250mg/L이면 Low(저)이다.

■ ③

★ 05

물의 평가 분석 요소에 속하지 않는 것은?

① 총용존고형물(TDS) ② 경도
③ pH지수   ④ 생산자

물의 평가 분석 요소로는 TDS, 경도, pH지수, 탄산화정도, 빈티지, 오염도, 물맛, 음식과의 조화 등이 있다.

■ ④

★ 06

주위환경으로부터 얼마나 깨끗하게 보호되고 보존되는지 알아보는 오염도를 무엇으로 측정하는가?

① 이산화탄소 ② 질산염
③ 산소   ④ 중탄산염

주위환경으로부터 얼마나 깨끗하게 보호되고 보존되는지 알아보는 오염도는 질산염으로 측정한다.

■ ②

★★ 07

다음 미네랄 중에서 인체에 부족할 때 신경과민, 집중력부족, 현기증 그리고 두통이나 편두통이 나타날 수 있는 성분은?

① 마그네슘(Mg^{2+}) ② 칼슘(Ca^{2+})
③ 나트륨(Na^+)   ④ 중탄산염(HCO_3^-)

■ ①

08 ★★

다음 중 450mg/L 이상의 칼슘을 함유하고 있어 '칼슘 워터'로 불리는 먹는샘물은?

① 페라렐레(Ferrarelle)
② 로가스카 도나트 엠지(Rogaska Donat Mg)
③ 콘트렉스(Contrex)
④ 보르조미(Borjomi)

일반적으로 먹는샘물은 100mg/L보다 적은 칼슘 양을 함유하고 있지만, 프랑스 콘트렉스(Contrex)와 이탈리아의 산파우스티노(Sanfaustino)는 450mg/L 이상의 칼슘을 함유하고 있어 '칼슘 워터'라고도 한다.

■ ③

09 ★★

다음 중 천연탄산수로 널리 알려져 있는 먹는샘물이 아닌 것은?

① 바두와(Badoit)
② 게롤슈타이너(Gerolsteiner)
③ 보르섹(Borsec)
④ 프라우(Frau)

프라우(Frau)는 용암해수에 인공탄산을 주입해서 생산하는 국내 먹는샘물이다.

■ ④

10 ★★

미국은 먹는샘물의 미네랄 함유량(TDS)을 최소 몇 mg/L로 규정하고 있는가?

① 100mg/L
② 250mg/L
③ 300mg/L
④ 350mg/L

TDS에 관한 규정은 국가별로 매우 다르게 적용되는데, 미국의 경우 먹는샘물의 미네랄을 최소한 250mg/L의 TDS를 함유해야 한다.

■ ②

11

경도의 구분으로 잘못된 것은?
① Soft : 0~17.1mg/L, 0~1.0 Gallon
② Moderately Hard : 17.1~60mg/L, 1.0~3.5 Gallon
③ Hard : 120~180mg/L, 7.0~10.5 Gallon
④ Very Hard : 180mg/L 이상, 10.5 Gallon 이상

Slightly Hard(약경수) : 17.1~60mg/L, 1.0~3.5 Gallon

■ ②

12

세계보건기구(WHO)가 권장하는 질산염 함유량은?
① 10mg/L 이하
② 20mg/L 이하
③ 30mg/L 이하
④ 50mg/L 이하

세계보건기구는 질산염이 50mg/L가 넘지 않도록 권장하고 있다.

■ ④

13

다음 중 물 속의 TDS(총용존고형물) 측정에 포함하지 않는 미네랄 성분은 무엇인가?
① 중탄산염
② 인산염
③ 망간
④ 콜로이드

물 속의 TDS는 보통 탄산염, 중탄산염, 염화물, 황산이온, 인산염, 질산염, 칼슘, 마그네슘, 나트륨, 칼륨, 철, 망간과 적은 양의 미네랄로 구성되어 있으며 가스나 콜로이드(colloid) 등 침전물은 TDS 측정에 포함하지 않고 있다.

■ ④

★★★ 14

다음 중 오염된 물의 질산염을 제거할 수 없는 정수방법은 무엇인가?

① 역삼투압 정수기
② 이온 정수기
③ 탄소흡착 필터 정수기
④ 증류수

증류수나 역삼투 정수기 그리고 이온 정수기 등은 오염된 물의 질산염을 제거할 수 있다. 질산염은 탄소흡착 필터를 포함하여 기본적인 연수 정수기나 일반 필터에서는 제거되지 않는다.

■ ③

★★★ 15

다음 중 미량원소에 해당되는 원소는 무엇인가?

① 나트륨(Na)
② 불소(F)
③ 철(Fe)
④ 칼륨(K)

미량원소로는 아연, 구리, 망간, 셀렌, 코발트, 몰리브덴, 바나듐, 요오드, 브롬, 불소, 니켈, 규소, 주석, 크롬, 붕소 등이 있다.

■ ②

★★★ 16

다음 먹는샘물 중 빈티지가 450년으로 추정되는 브랜드는?

① 하와이안 스프링스(Hawaiian Springs)
② 트리니티(Trinity)
③ 피지(Fiji)
④ 로이(Roi)

피지(Fiji)의 빈티지는 450년이다.

■ ③

17

인공탄산화의 화학적 분석법에 큰 영향을 미쳤으며, 황산과 백악을 사용하여 인공적인 탄산화 방법을 연구한 과학자는?

① 토르베른 베리만(Torbern Bergman)
② 조셉 프리스틀리(Joseph Priestly)
③ 파스퇴르(Louis Pasteur)
④ 마이클 마스카(Michael Mascha)

화학적 분석법에 큰 영향을 미친 토르베른 베리만(Torbern Bergman)은 1778년 '물 분석에 대하여'라는 글에서 광천수에 대한 분석을 처음으로 제시하였으며 황산과 백악을 사용한 인공적인 탄산화 방법을 연구하였다.

■ ①

18

다음 중 먹는샘물 브랜드와 TDS함유량이 잘못 연결된 것은?

① 두칼레(Ducale) : 55mg/L
② 피지(Fiji) : 210mg/L
③ 산 펠레그리노(San Pellegrino) : 1,109mg/L
④ 게롤슈타이너(Gelolsteiner) : 1501mg/L

게롤슈타이너는 2,527mg/L로 TDS 함유량이 많기 때문에 치료용 물로 사용되기도 한다.

■ ④

19

미네랄의 기능에 대해 잘못 설명한 것은?

① 뼈와 혈액을 생성하고, pH 균형을 유지한다.
② 자율신경 안정화로 호르몬 기능을 정상화한다.
③ 피부에 축적된 노폐물을 배출시켜 피부조직을 강화한다.
④ 세포대사기능을 활발하게 하며 체내에너지를 생성한다.

미네랄은 체내에너지를 소비하고 촉진시키는 기능을 한다.

■ ④

단답형

★ 01
규소와 염소의 화합적 결합체로써 물에 조금 녹으며 약산성을 띠며, 천연적으로 수정이나 수석 등에 함유되어 있는 미네랄 성분은 무엇인가?

■ 규산(SiO_2) 또는 실리카(Silica)

★ 02
주위환경으로부터 얼마나 깨끗하게 보호되고 보존되는지를 알아보는 오염도를 측정하는 성분으로, 오염된 물이 혼탁하면 혼탁할수록 더 높은 수치를 보이는 것은 무엇인가?

■ 질산염(nitrate)

★ 03
경도는 물의 세기 정도를 나타내는 것으로 물에 녹아있는 두 가지 이온의 양을 표준물질의 중량으로 환산하여 표시한 것이다. 경도를 측정하는 두 미네랄 성분과 산출공식을 적으시오.

■ 칼슘(Ca)과 마그네슘(Mg), (칼슘×2.5)+(마그네슘×4)

★ 04
먹는샘물을 평가하는 (　　　)는 미각＋후각＋구강촉감으로 한다.

■ 풍미(flavor)

★ 05

미네랄워터(Mineral Water)는 오존처리와 같은 일부 화학과정을 거쳐 병입한 물이고, (　　　)는 일체의 화학처리 없이 병입한 물이다.

■ 내추럴 미네랄워터(Natural Mineral Water)

★ 06

(　　　)는 극히 적은 양이기는 하지만 식물의 생육에 없어서는 안 될 원소를 말한다.

■ 미량원소

★★ 07

우리 몸의 pH 밸런스를 유지하는 데 필수적인 미네랄 성분으로 중탄산의 수소원자가 금속염으로 치환되어 생긴 화합물을 무엇이라 하는가?

■ 중탄산염(Bicarbonate)

★★ 08

성인의 하루 칼륨 섭취량은 (　)g~(　)g이며, 식약청은 성인1인 충분섭취량을 4.9g으로 공시했다.

■ 2, 4

★★ 09

성인은 하루에 약 800mg의 (　　　)이 필요하며, 이는 우유, 멸치, 치즈, 참깨에 풍부하다.

■ 칼슘(Ca)

★★ 10

미네랄 중 우리 몸의 pH밸런스를 유지하는 데 필수적인 것은?

■ 중탄산염(HCO_3^-)

★★★ 11

다음 괄호에 알맞은 용어를 써 넣으시오.

> 경도를 유발하는 금속이온들은 물속에서 탄산염이나 염화물형태로 존재한다. 그리고 탄산염형태의 경도는 끓이면 연화되어 (　　　　　　)라고 하며, 염화물형태의 경도는 끓여도 연화되지 않아 (　　　　　　)라고 한다.

■ 일시경도, 영구경도

★★★ 12

슬로베니아의 로가스카 슬라티나(Rogaska Slatina)에서 생산되는 로이(Roi)의 빈티지는 몇 년인가?

■ 80,000년

★★★
13
pH는 대수 계산자로써 1도의 차이가 산성이나 알칼리성에서 (　　　　)배의 증가나 감소를 가리킨다.

pH는 대수 계산자로써 1도의 차이가 산성이나 알칼리성에서 10배의 증가나 감소를 가리킨다.

■ 10

★★★
14
(　　　　)이 높은 물을 마실 경우, 메트헤모글로빈혈증(methemoglobinemia)이나 암이 유발될 수 있다.

질산염이 높은 식수를 마실 경우, 메트헤모글로빈혈증이나 암이 유발될 수 있고, 갑상선 기능의 이상 증세, 선천적 결손 증세 그리고 유산 증세가 나타날 수 있다.

■ 질산염

★★★
15
마그네슘은 칼슘, 인과 함께 뼈의 형성에 중요한 기능을 하며, 세포내에서 DNA와 RNA를 생성한다. 일반적으로 성인은 하루에 (　　　)mg을 섭취해야 한다.

■ 300~400

★★★
16
칼슘은 인체에서 1.5~2%를 차지하며 불용성염의 형태와 가용성 이온 형태로 존재한다. 일반적으로 성인은 하루에 (　　　)mg을 섭취해야 한다.

■ 800

서술형

★ 01
먹는샘물에 표시되는 미네랄 워터(Mineral Water)와 내추럴 미네랄 워터(Natural Mineral Water)의 차이점을 서술하시오.

미네랄워터는 오존처리 같은 일부 화학과정(침전, 여과, 가열, 살균 이외의 물리적, 화학적 처리)을 거쳐 병입한 물이고, 내추럴 미네랄워터는 일체의 화학처리 없이 병입한 물이다.

★★ 02
'거북이' 브랜드의 먹는샘물의 경우 칼슘은 20mg/L, 칼륨 20mg/L, 마그네슘 13mg/L, 중탄산염 5mg/L, 나트륨 3mg/L이다. 경도산출공식을 설명하고 '거북이' 먹는샘물의 경도를 구하시오.

경도산출공식은 (칼슘×2.5)+(마그네슘×4)이다. 따라서 거북이 먹는샘물의 경도는 (20×2.5)+(13×4)=102mg/L이다.

★★ 03
미네랄 중 규산(Silica, SiO_2)에 대해서 설명하시오(특징, 섭취량, 건강, 대표먹는샘물 등).

- 규소와 염소의 화학적 결합체
- 물에 조금 녹으며 약산성을 띰
- 천연적으로는 수정이나 수석 등에 다량 함유
- 성인은 하루 20~30mg/L의 규산을 섭취해야 함
- 심장질환의 위험 줄임, 골다공증 예방, 산화방지제처럼 조직의 재생을 도움, 머리카락과 손톱을 튼튼하게 함
- 매일 10mg의 규산을 섭취한 사람은 치매 걸릴 확률이 11% 감소
- 피지섬의 피지(Fiji), 뉴질랜드령의 안티포즈 제도에서 생산되는 안티포즈(Antipodes)는 100mg/L의 규산을 함유

★★★
04

물의 탄산화에 대하여 설명하고, 인공 탄산화와 천연 탄산화에 대한 개념과 대표 먹는샘물을 기술하시오.

   탄산이나 이산화탄소가 결합하는 작용을 탄산화라고 한다. 물에 이산화탄소가 녹으면 묽은 탄산용액의 생성으로 탄산화가 진행된다. 탄산화는 구강촉감에 영향을 미치는 것으로 음식과 먹는샘물의 조화에서 가장 중요한 특징을 보인다.
    천연 탄산수는 물의 특수한 지질학적 지형으로 인해 인공이 아닌 자연 그대로의 탄산수를 의미하며 화산지형에서 많이 발견된다. 또한 이산화탄소는 많은 양의 미네랄을 물이 흡수할 수 있도록 돕는 역할을 한다. 천연탄산수 중에 프랑스 베르게즈 지역의 페리에(perrier)는 수원지 근처에서 분출되는 화산가스를 블렌딩하여 원수와 탄산가스를 따로 채취하여 혼합하여 판매하는 먹는샘물로 천연 탄산화 먹는샘물로 인정받고 있으며 그 외에도 프랑스 루아르 지역의 바두아(Badoit), 독일 에이펠(Eiffel) 지역의 게롤슈타이너(Gerolsteiner)와 아폴리나리스(Apolinaris), 이탈리아 나폴리 지방의 페라렐레(Ferrarelle), 루마니아의 보르섹(Borsec) 등이 천연탄산수로 널리 알려져 있다.
    미네랄워터에 인공탄산을 가미한 것을 인공탄산화라고 하며 물에 탄산가스를 첨가시키기 전에 탄산가스에 압력을 가하는 방법을 사용한다. 압력이 높을수록 물에 녹은 탄산가스의 양을 늘릴 수 있으며 인공적인 탄산수는 1~10mg/L의 이산화탄소를 함유하고 있다. 대표적인 인공탄산화 먹는샘물에는 독일의 셀쳐(Selters), 영국의 웨일즈(Wales) 지역의 티난트(Ty Nant), 미국의 아칸소(Arkansas) 지역의 마운틴 밸리 스프링(Mountain Valley Spring) 등이 있다.

05

미네랄(Mineral)에 대해서 설명하고, 인체 내에서의 주요기능에 대해서 서술하시오.

   미네랄은 광물로 자연산 무기물이며, 규칙적인 결정구조와 명확한 화학구성을 갖고 있는 고체이다. 미네랄이 인체에 미치는 중요성은 인체의 96%를 차지하는 산소, 탄소, 수소, 질소를 제외한 4%로써 생명활동에 중요한 영향을 주는 원소로 체내에서 생성되지 않기 때문에 '먹는샘물'이나 야채 등에서 섭취해야 한다.

먹는샘물의 탄산화 등급

04

OX형

01
마이클 마스카(Michael Mascha)박사는 탄산수를 탄산기포의 크기에 따라 분류하였다.
탄산화의 함유량에 따라 분류하였다.
■ X

02
스틸 워터(Still Water)는 탄산가스가 전혀 없는 일반 먹는샘물을 말한다.
■ ○

03
미네랄워터에 인공탄산을 가미한 것을 천연탄산수라고 한다.
인공탄산수라고 한다.
■ X

04
먹는샘물의 오염도는 질산염 함유량으로 측정하고 오염도가 높아질수록 물방울 표시가 많아진다.
물방울 표시는 오염도가 높아질수록 적어진다.
■ X

05
에퍼베슨트 워터(Effervescent Water)는 탄산화가 0~2.5mg/L 인 탄산수를 말한다.
■ ○

★ 06

라이트 워터(Light Water)는 커다란 탄산기포로 입안에서 톡톡 터지는 촉감을 느낄 수 있다.

볼드 워터(Bold Water)는 탄산화가 7.5mg/L 이상으로 커다란 탄산기포를 만들어내며 입안에서 톡톡 터지는 느낌을 받을 수 있다.

■ X

★★ 07

클래식 워터(Classic Water)는 탄산화가 5 ~7.5mg/L인 탄산수로 서비스 온도는 16℃가 적당하다.

■ ○

★★ 08

오염도를 측정한 먹는샘물의 좋은(Good)등급은 물방울 2개로 표시되며 질산염 함유량은 7~10 mg/L이다.

Good 등급의 물방울은 3개로 표시되며 질산염 함유량은 4~7mg/L이다.

■ X

★★★ 09

에퍼베슨트 워터(Effervescent Water)는 작고 섬세한 기포의 탄산수로 대표적인 탄산수로 프랑스의 바두아(Badoit), 이탈리아 페라렐레(Ferrarelle), 영국의 헤로게이트 스파(Harrogate Spa)가 있다.

■ ○

★★★ 10

라이트 워터(Light Water)는 섬세하고 감칠맛 나는 음식이나 프라이팬에 잘 구운 생선요리에 잘 어울리며 라이트 워터의 서비스 온도는 15℃가 적정하다.

라이트 워터의 서비스 온도는 14℃가 적정하다.

■ X

⭐⭐⭐ 11

볼드 워터(Bold Water)의 대표적인 탄산수로는 프랑스의 페리에(Perrier), 독일의 셀처(Selters)가 있으며, 볼드 워터는 굵고 강한 느낌의 탄산으로 기름진 음식이나 해산물에 잘 어울린다.

볼드 워터는 굵고 강한 느낌의 탄산가스로 인해 음식의 맛을 제대로 느끼지 못할 수 있다.

▪ X

선택형

⭐ 01

에퍼베슨트 워터(Effervescent Water)의 탄산함유량은?
① 0mg/L　　　　　　　　② 0~2.5mg/L
③ 2.5~5mg/L　　　　　　④ 5~7.5mg/L

▪ ②

⭐ 02

클래식 워터(Classic Water)의 탄산함유량은?
① 0mg/L　　　　　　　　② 0~2.5mg/L
③ 2.5~5mg/L　　　　　　④ 5~7.5mg/L

▪ ④

⭐ 03

클래식 워터(Classic Water)의 추천서비스 온도는?
① 13℃　　　　　　　　② 14℃
③ 15℃　　　　　　　　④ 16℃

▪ ④

★★
04

라이트 워터(Light Water)의 탄산함유량과 추천서비스 온도로 알맞은 것은?

① 2.5~5mg/L – 13℃ ② 2.5~5mg/L – 14℃
③ 5~7.5mg/L – 13℃ ④ 5~7.5mg/L – 14℃

라이트 워터(Light Water)는 2.5 ~ 5mg/L 탄산함유량을 가진 워터로 추천서비스 온도는 14℃ 이다.

▪ ②

★★
05

클래식 워터(Classic Water)의 특징으로 알맞지 않은 것은?
① 탄산화가 5~7.5mg/L이다.
② 추천 서비스 온도는 16℃이다.
③ 대표적인 탄산수로는 산펠레그리노(San Pellegrino)가 있다.
④ 섬세하고 감칠맛 나는 음식과 잘 어울린다.

클래식 워터(Classic Water)는 탄산화가 5~7.5mg/L로 클래식 워터에 속하는 먹는샘물은 이탈리아의 루리시아 산타 바바라(Lurisia Santa Barbara), 산펠레그리노(San Pellegrino), 솔레(Sole), 오스트리아의 로마쿠에레 (Romerquelle), 영국의 티난트(Ty Nant) 등이 있다. 낮은 TDS를 함유한 클래식 워터는 다른 음료에 혼합하여 마시면 아주 좋은 맛을 보이며 반면 높은 TDS를 함유한 클래식 워터는 스테이크와 환상적인 궁합을 갖는다.

▪ ④

★★
06

볼드 워터(Bold Water)의 특징으로 알맞지 않은 것은?
① 탄산화가 7.5mg/L 이상이다.
② 추천 서비스 온도는 16℃이다.
③ 볼드 워터(Bold Water)를 실온에 보관하면 기포가 가라앉는다.
④ 볼드 워터(Bold Water)는 바삭한 식감의 애피타이저와 마시는 것이 좋다.

볼드 워터(Bold Water)는 탄산화가 7.5mg/L 이상의 워터로 볼드 워터는 실온에 보관하면 거품은 가라앉는다. 굵고 강한 탄산가스로 인해 음식의 맛을 제대로 느끼지 못할 수 있기 때문에 볼드 워터는 바삭바삭한 식감의 애피타이저와 함께 마시는 것이 좋다. 볼드 워터의 서비스 온도는 17℃가 적당하다.

▪ ②

★★★
07
다음 이탈리아 먹는샘물 중 라이트 워터(Light Water)로 알맞은 것은?
① 페라렐레(Ferrarelle)
② 산펠레그리노(San Pellegrino)
③ 링스(Lynx)
④ 라우레타나(Lauretana)

페라렐레(Ferrarelle)-에퍼베스트 워터, 산펠레그리노(San Pellegrino)-클래식 워터, 라우레타나(Lauretana)-볼드 워터
■ ③

★★★
08
구강촉감을 자극하여 음식의 질감을 살리는 탄산수로 다양한 종류의 육류와도 조화를 이루며, 이탈리아 솔레(Sole), 영국의 티난트(Ty Nant) 등으로 대표되는 물의 종류는 무엇인가?
① 스틸 워터(Still Water)
② 에퍼베스트 워터(Effervescent Water)
③ 라이트 워터(Light Water)
④ 클래식 워터(Classic Water)

클래식 워터(Classic Water)는 다양한 종류의 음식과 조화를 이루며 음식의 질감이나 밸런스에 잘 어울린다.
■ ④

★★★
09
에퍼베스트 워터(Effervescent Water)의 '탄산화정도- 대표적인 워터 - 추천 서비스 온도'가 알맞게 짝지어진 것은?
① 0~2.5mg/L − 바두아(Badoit) − 12℃
② 0~2.5mg/L − 고타(Gota) − 13℃
③ 2.5~5mg/L − 마운틴밸리스프링(Mounting Valley Spring) −14℃
④ 2.5~5mg/L − 와트윌러(Wattwiller)−14℃

에퍼베스트 워터(Effervescent Water)는 탄산화가 0 ~ 2.5mg/L로, 대표적인 탄산수로는 프랑스의 바두아(Badoit), 와트윌러(Wattwiller), 이탈리아 페라렐레(Ferrarelle), 아르헨티나 고타(Gota) 등이 있으며 서비스 적정온도는 13℃ 이다.
■ ②

단답형

★ 01
라이트 워터(Light Water)의 탄산화는 (　　)~(　　)mg/L의 탄산수를 말한다.

■ 2.5~5

★ 02
클래식 워터(Classic Water)의 탄산화는 (　　)~(　　)mg/L의 탄산수를 말한다.

■ 5~7.5

★ 03
클래식 워터(Classic Water)의 서비스 온도는 (　　)℃가 적당하다.

■ 16

★ 04
먹는샘물의 경도를 측정하는 산출공식은 무엇인가?

■ (칼슘×2.5) + (마그네슘×4)

★★ 05
아주 작은 기포를 가진 섬세한 탄산수로 스틸 워터와 라이트 워터의 중간을 말하는 탄산수는 무엇인가?

■ 에퍼베슨트 워터(Effervescent Water)

⭐⭐
06
식사할 때 (　　　) 워터를 마실 경우 세심한 음식 선택이 필요하다. 그 이유는 굵고 강한 느낌의 탄산가스로 인해 음식의 맛을 제대로 느끼지 못하기 때문이며, 주로 전채요리와 잘 어울린다.

▪ 볼드(Bold)

⭐⭐
07
라이트 워터(Light Water)는 탄산화가 2.5~ 5mg/L인 탄산수로 스파클링 워터를 전혀 좋아하지 않는 사람들이 선호하는 편이다. 라이트 워터는 바디감을 주기는 하지만 음식 맛을 앗아가지 않으며 적정 서비스 온도는 (　　　)℃가 좋다.

▪ 14

⭐⭐
08
중경수(Moderately Hard)는 칼슘, 마그네슘 함유량이 (　　)~(　　) mg/L인 먹는샘물을 말한다.

▪ 60~120

⭐⭐⭐
09
스페인이 말라벨라(Malavella), 스웨덴의 마름버그(Malmberg), 이탈리아의 링스(Lynx)는 탄산화의 정도로 분류하면 (　　　) 워터로 분류한다.

▪ 라이트(Light)

⭐⭐⭐
10
이탈리아의 라우레타나(Lauretana), 프랑스의 페리에(Perrier), 독일의 셀처(Selters)는 대표적인 (　　　)로 탄산화 정도는 (　　　　)mg/L 이상이다.

이탈리아 라우레타나(Lauretana), 프랑스의 페리에(Perrier), 독일의 셀처(Selters), 아일랜드의 티퍼레리(Tipperary)는 탄산화가 7.5 mg/L 이상인 볼드 워터(Bold Water)이다.

▪ 볼드 워터 (Bold Water), 7.5

★★★
11

에퍼베슨트 워터는 탄산화가 0 ~ 2.5mg/L인 기포성 탄산수로 (　　　) 워터와 (　　　) 워터의 중간이다.

에퍼베슨트 워터는 탄산화가 0 ~ 2.5mg/L인 기포성 탄산수로 스틸(Still) 워터와 라이트(Light) 워터의 중간이다.

　　　　　　　　　　　　　　　　　　　　　　　　■ 스틸(Still), 라이트(Light)

서술형

★
01

라이트 워터(Light Water)가 음식에 주는 영향과 어울리는 음식에 대해 서술하시오.

라이트 워터는 아주 섬세하고 감칠맛 나는 음식, 프라이팬에 잘 구운 생선 같은 음식과 잘 어울린다.

★★
02

에페베슨트(Effervescent Water) 워터의 탄산화와 대표적인 먹는샘물에 대해 서술하시오.

에퍼베슨트 워터는 탄산화가 0~2.5mg/L인 기포성 탄산수로 대표적인 탄산수로는 프랑스의 바두아(Badoit), 와트윌러(Wattwiller), 이탈리아의 페라렐레(Ferrarelle), 아르헨티나의 고타(Gota), 영국의 헤로게이트 스파(Harrogate Spa) 등이 있다.

★★
03

클래식 워터(Classic Water)와 어울리는 음식에 대해 서술하시오.

낮은 TDS를 함유한 클래식 워터는 다른 음료에 혼합하여 마시면 아주 좋은 맛을 보이며, 와인 칵테일의 일종인 와인 스프린터스(Wine sprinters)에 가장 이상적이다. 반면에 높은 TDS를 함유한 클래식 워터는 스테이크와 환상적인 궁합을 갖는다.

★★ 04

칼슘과 마그네슘의 함유량에 따른 먹는샘물의 경도를 5단계로 구분하시오.

연수(Soft), 약경수(Slightly Hard), 중경수(Moderately Hard), 경수(Hard), 강경수(Very Hard)로 구분한다.

★★ 05

먹는샘물을 탄산염화 함유량에 따라 5가지로 구분하고 함유량과 추천서비스 온도를 쓰시오.

- 스틸 워터(Still Water) – 0mg/L – 12℃
- 에퍼베슨트 워터(Effervescent Water) – 0~2.5 mg/L – 13℃
- 라이트 워터(Light Water) – 2.5~5 mg/L – 14℃
- 클래식 워터(Classic Water) – 5~7.5mg/L – 16℃
- 볼드 워터(Bold Water) – 7.5mg/L이상 –17℃

★★★ 06

마이클 마스카(Michael Mascha)는 먹는샘물의 품질을 구분하기 위해 오염도를 측정하여 5단계로 제시하였다. 5단계 구분에 따른 물방울 표시 개수와 질산염함유량을 기술하시오.

구분	표시	질산염함유량
Superior(탁월)	💧💧💧💧💧	0~1mg/L
Very Good(매우 좋은)	💧💧💧💧	1~4mg/L
Good(좋은)	💧💧💧	4~7mg/L
Acceptable(보통)	💧💧	7~10mg/L
Potable(음용 적합)	💧	10~50mg/L

음식과 먹는샘물의 조화

05

OX형

★ 01

음식과 먹는샘물의 조화에 있어서 가장 중요한 것은 먹는샘물에 포함되어 있는 pH정도와 미네랄 함량이다.

음식과 먹는샘물의 조화에 있어서 가장 중요한 것은 먹는샘물에 포함되어 있는 탄산가스 유무와 기포의 굵기 정도이다.

■ X

★ 02

서양음식은 육류 위주의 산성음식이므로 탄산이 있는 클래식워터 또는 경수를 마시는 것이 음식과도 조화롭고 인체에도 이롭다.

동양과 비교하여 서양음식은 육류 위주의 음식이 많고, 육류는 산성의 성질을 띠므로 탄산이 있는 클래식워터 또는 경수를 마시는 것이 음식과도 조화롭고 인체의 균형도 유지해준다.

■ ○

★ 03

한식은 주로 채소 위주이거나 발효식품으로 알칼리성의 성질을 갖고 있으므로 스틸 워터, 연수와 함께 하는 것이 음식과 조화도 되고 인체의 균형도 유지시켜 준다.

■ ○

★★ 04

먹는샘물과 와인을 동시에 마실 경우, 먹는샘물보다 와인을 음식에 먼저 조화시키는 것이 바람직하다.

먹는샘물과 와인을 동시에 마실 경우에는 먹는샘물의 특징과 와인의 개성이 서로 부딪히는 것은 좋지 않기 때문에 음식에 와인을 먼저 조화시키는 것이 바람직하다. 즉, 먹는샘물은 와인 다음으로 2차적인 역할을 수행하는 것으로 생각하면 된다.

■ ○

★★
05
음식과 먹는샘물 조화의 기본은 우선 먹는샘물을 정해놓고 음식을 조화시켜야 한다.

음식과 먹는샘물 조화의 기본은 우선 음식에 먹는샘물의 특성을 조화시켜야 한다.

■ X

★★
06
먹는샘물의 탄산화 정도는 탄산가스의 유무, 탄산가스 함유량, 기포의 굵기와 크기 등에 좌우된다.

■ ○

★★
07
스틸 워터(Still Water)는 어떤 음식과도 잘 어울리지만 특히 소고기스테이크와 잘 조화가 된다.

스틸 워터(Still Water)는 어떤 음식과도 잘 어울릴 수 있지만 반대로 어울리지 않을 수도 있다.

■ X

★★
08
볼드 워터(Bold Water)는 탄산가스의 촉감이 강하여 음식에 집중할 수 없게 하기 때문에 바삭바삭한 식감의 애피타이저와 최상의 궁합을 이룬다.

볼드 워터(Bold Water)는 입안에서 톡톡 터지는 탄산가스의 촉감이 강하기 때문에 보통 식사에 나오는 음식에 집중할 수가 없다. 그래서 바삭바삭한 식감의 애피타이저가 최상의 궁합이다.

■ ○

★★★
09

먹는샘물 속의 TDS(Total Dissolved Solid : 총용존고형물)가 1,500~3,000mg/L이면 물맛이 매우 단단한 느낌이다.

TDS가 1500mg/L이상이면 매우 Very High(고+)로 구분되며, 1,500~3,000mg/L일 때는 물맛이 매우 단단한 느낌이며, 3,000mg/L이상일 때는 매우 특성 있고 뚜렷한 개성의 물맛이다.

■ ○

★★★
10

음식의 바디나 무게감이 적거나, 양념이 많이 들어간 음식의 경우 TDS가 Medium(보통)인 먹는샘물을 마시는 것이 좋다.

음식의 바디나 무게감이 적을수록 TDS가 낮은 먹는샘물을 마시는 것이 좋으며, 음식의 바디나 무게감이 높을수록 TDS가 높은 먹는샘물을 마시는 것이 좋다. 또한 양념이 많이 들어간 음식의 경우에도 TDS가 높은 먹는샘물을 마시는 것이 좋다.

■ X

★★★
11

이탈리아의 파스타나 에스프레소 커피는 강경수(300mg/L 이상)인 프랑스의 비텔(Vittel), 페리에(Perrier), 이탈리아의 산펠레그리노(San Pellegrino)가 어울린다.

이탈리아의 파스타나 에스프레소 커피는 강경수(300mg/L이상)가 어울리며, 먹는샘물 종류로는 프랑스의 비텔(Vittel), 페리에(Perrier), 이탈리아의 산펠레그리노(San Pellegrino) 등이 있다.

★★★
12

유럽의 미쉐린 가이드 스타 레스토랑에서는 먹는샘물을 반드시 유리병에 담아 제공해준다.

먹는샘물이 담긴 병이나 글라스에 따라 물맛이 다르게 느껴질 수 있다. 유럽의 미쉐린가이드 레스토랑에서는 플라스틱 페트병의 먹는샘물은 품격이 떨어지므로 사용하지 않고, 먹는샘물을 반드시 유리병에 담아 제공한다.

■ ○

선택형

★ 01
마이클 마스카(Michael Mascha) 박사가 제시하는 탄산화 등급기준과 탄산 함유량이 틀리게 짝지어진 것은?
① Still(탄산이 없는 일반 먹는샘물) − 0mg/L
② Effervescent(기포성 탄산수) − 0~2.5mg/L
③ Bold(거품이 많은 탄산수) − 2.5~5mg/L
④ Classic(중간정도의 탄산수) −5~7.5mg/L

볼드 워터(Bold water)는 탄산 함유량이 7.5mg/L이상인 것을 말한다.

■ ③

★ 02
다음 중 스틸 워터(Still Water)가 아닌 것은?
① 삼다수　　　　　　　　　　② 백산수
③ 볼빅　　　　　　　　　　　④ 페리에

프랑스의 페리에(Perrier)는 볼드 워터(Bold water)이다.

■ ④

★ 03
질산염 함유량이 1~4mg/L에 해당하는 것은?
① Good(좋은)　　　　　　　　② Very Good(매우 좋은)
③ Superior(탁월)　　　　　　 ④ Acceptable(보통)

질산염 함유량을 구분을 살펴보면,
Superior(0~1mg/L)
Very Good(1~4mg/L)
Good(4~7mg/L)
Acceptable(7~10mg/L)
Potable(10~50mg/L)이다.

■ ②

★★ 04

다음 중 요리코스와 먹는샘물의 조화에서 잘못 짝지어진 것은?

① 전채요리 – 볼드 워터
② 생선요리 혹은 해산물 요리 – 라이트 워터
③ 스프 – 스틸 워터
④ 소고기스테이크 – 클래식 워터

스프는 액체이기 때문에 먹는샘물 혹은 와인과 매칭하지 않고 단독으로 제공한다.

■ ③

★★ 05

먹는샘물 개봉 시 전문가들이 권고하는 음용 기간은?

① 1주 이내　　　　　　② 2주 이내
③ 1달 이내　　　　　　④ 2달 이내

먹는샘물 전문가들은 먹는샘물을 개봉하였을 경우 냉장고에 보관하고 1주일 안에 마실 것을 권고한다.

■ ①

★★ 06

탄산염화 함유량과 추천 서비스온도가 바르게 짝지어진 것은?

① 0mg/L – 13℃
② 2.5~5mg/L – 12℃
③ 5~7.5mg/L – 16℃
④ 0~2.5mg/L – 15℃

Still(0mg/L) – 12℃, Effervescent(0~2.5mg/L) – 13℃, Light(2.5~5mg/L) – 14℃, Classic(5~7.5mg/L) – 16℃, Bold(7.5mg/L이상) – 17℃

■ ③

07 ★★★

다음 중 와인과 함께 먹는샘물을 마실 경우 어울리지 않는 물은?

① 스파(Spa)
② 산 펠레그리노(San Pellegrino)
③ 판나(Panna)
④ 에비앙(Evian)

아주 소량의 먹는샘물에 와인을 혼합하여 마시면 와인의 맛과 향에서 차이점을 쉽게 찾을 수 있으며 어울리는 먹는샘물도 알아볼 수 있다. 이탈리아의 산 펠레그리노(San Pellegrino), 판나(Panna), 독일의 셀쳐(Selters), 프랑스의 에비앙(Evian)은 와인과 함께 할 때 탁월한 진가를 보인다.

■ ①

08 ★★★

미네랄 함량에 따른 물맛으로 알맞지 않은 것은?

① Super Low : 깨끗하고 부드러우면서 중성적인 맛
② Medium : 일반적인 미네랄 맛
③ High : 큰 기포에 의해 견고하고 단단한 맛
④ Very High : 매우 특성 있고 뚜렷한 개성의 맛

Super Low는 TDS 함유량이 0~50mg/L이며, 매우 가볍고 중성적인 물맛이다.

■ ①

09 ★★★

먹는샘물의 특징 상, 음식과 물의 조화가 어울리지 않는 것은?

① 바삭하게 튀겨진 굴요리 – 페리에(Perrier)
② 치즈 – 보르섹(Borsec)
③ 김치, 국물요리 – 카페 그림(Cafe Grim)
④ 소고기스테이크, 양고기스테이크 – 팔라고니아(Palagonia)

바삭하게 튀겨진 굴요리는 pH가 5.7로 산성이다. 따라서 산성인 페리에(Perrier)와 어울리며, 치즈는 pH7.5이며, pH 6.5인 보르섹(Borsec)과 좋은 궁합을 이룬다. 동양음식 중 한식의 발효음식이나 김치, 국물요리 등에는 연수가 조화를 이루며 연수 종류의 먹는샘물로는 호주의 카페 그림(Cafe Grim), 불가리아의 팔라고니아(Palagonia) 우리나라의 수8.5, A수 등이 있다. 서양음식의 소고기스테이크, 양고기스테이크, 햄이나 베이컨 그리고 커피는 중경수~강경수와 조화를 이루며, 중경수~강경수 종류의 먹는샘물로는 영국의 하이랜드 스프링스(Highland Springs), 프랑스의 에비앙(Evian) 등이 있다.

■ ④

단답형

01
pH는 용액의 수소이온농도지수로써, pH7 미만은 산성을 나타내며, pH7 이상은 (　　　)을 나타낸다.

pH는 용액의 수소이온농도지수로써 0~14까지 있으며, 7 미만은 산성을 나타내며, 7 이상은 알칼리성을 나타낸다.

■ 알칼리성

02
(　　　)박사는 경험과 지식을 통해 음식과 먹는샘물의 조화를 '75%, 20%, 5%의 규칙'으로 정하고 음식에 따른 먹는샘물을 추천하고 있다.

마이클 마스캐(Michael Mascha)박사는 경험과 지식을 통해 음식과 먹는샘물의 조화를 '75%, 20%, 5%의 규칙'으로 정하고 음식에 따른 먹는샘물을 추천하고 있다.

■ 마이클 마스캐(Michael Mascha)

03
음식과 먹는샘물의 조화에서 가장 우선시 되어야 할 요소는 (　　　)이다.

음식과 먹는샘물의 조화에서 물의 탄산화 정도를 75%로 적용하는 것이 규칙이며, 먹는샘물의 탄산가스 기포가 매우 중요하다는 것을 의미한다.

■ 탄산화 정도 또는 탄산가스함유량 또는 탄산가스 유무

04
pH 규칙은 음식과 먹는샘물의 조화에서 물의 pH(용액의 수소이온농도지수) 수준을 (　　　)% 적용하는 규칙이다.

음식과 먹는샘물의 조화에서 물의 pH(용액의 수소이온농도지수) 수준을 5% 적용하는 규칙이다.

■ 5

★★ 05

마이클 마스카(Michael Mascha)박사는 클래식 워터(Classic Water)의 적정서비스 온도를 (　)℃로 제시하였다.

스틸 워터는 12℃, 에퍼베슨트 워터는 13℃, 라이트 워터는 14℃, 클래식 워터는 16℃ 볼드 워터는 17℃에 제공되는 것이 가장 좋다.

■ 16

★★ 06

마이클 마스카 박사의 음식과 먹는샘물의 조화에서 20% 적용하는 것은 무엇인가?

음식과 먹는샘물의 조화에서 물의 미네랄 함유량인 총용존고형물(TDS)을 20% 적용하는 규칙은 TDS규칙이다.

■ 총용존고형물 또는 미네랄 함유량

★★ 07

물의 경도에 따른 조화를 살펴보면, 한식의 발효음식이나 김치, 국물요리나 녹차에는 (　　)가 조화를 이룬다.

동양음식 중에서도 한식의 발효음식이나 김치, 국물요리 등에는 연수(0~100mg/L)가 조화를 이루며, 녹차나 홍차 같은 차 종류에도 적합하다.

■ 연수(0~100mg/L)

★★★ 08

플라스틱 병이 햇빛에 장시간 과하게 노출 될 경우, 환경호르몬이 최고 (　　)배까지 증가할 수 있다.

플라스틱 페트병은 햇빛에 장시간 과하게 노출될 경우, 환경호르몬이 최고 6배까지 증가 할 수 있다고 경고하고 있다.

■ 6

★★★
09
미국의 먹는샘물의 유통기간은 (　　)년이다

먹는샘물은 최상의 조건이라면 무기한 저장이 가능할 정도로 수명에 제한이 없다. 미국의 경우 먹는샘물 유통기한은 2년이다.

■ 2

★★★
10
오존처리한 먹는샘물의 경우에 부산물로 생기는 유해물질은 무엇인가?

오존처리한 먹는샘물의 경우에 부산물로 생기는 브로메이트는 규제장치가 없어 심각한 실정이다.

■ 브로메이트(Bromate), 브롬산염

★★
01
유리병에 병입된 먹는샘물은 많은 장점을 가지고 있다. 유리병의 장점을 7가지 기술하시오.

유리병은 첫째, 화학적 내구성이 강하기 때문에 물이나 산, 알칼리 같은 액체를 담기에 편리하다. 둘째, 수증기나 산소의 차단성이 높기 때문에 식품의 변질을 막아 장기 보존할 수 있다. 셋째, 녹여 만드는 형상에 따라 자유롭게 만들 수 있다. 넷째, 투명성으로 인해 뚜껑을 열지 않고도 확인할 수 있다. 다섯째, 자유롭게 착색할 수 있어서 자외선과 가시광선을 차단할 수 있다. 여섯째, 사용하는 목적에 따라 중량을 자유롭게 조절할 수 있다. 일곱째, 재활용할 수 있어 친환경적인 포장재이다.

★★
02
워터 디캔팅에 대하여 서술하시오(목적, 방법, 조건 등).

오랜 시간 지층에서 잠들어 있던 물을 더욱 청량하고 맛있게 마시기 위해 디캔팅이 필요할 때가 있다. 먹는샘물의 디캔팅은 먹는샘물이 갖고 있는 고유의 개성을 살려 물맛을 깨우는 역할을 하며, 레스토랑을 찾는 고객들에게 또다른 즐거움을 제공하는 마케팅 전략 중 하나이기도 하다. 먹는샘물은 다양한 환경, 떼루아를 갖고 있는 지층, 지표, 댐, 호수, 빙하, 빗물 등에서 취수되기 때문에 성격과 개성이 같을 수 없다. 일반적으로 탄산수가 없는 먹는샘물, 스틸 워터는 워터 디캔터에서 디캔팅한 후에 서비스하는 것이 바람직하다. 스파클링 워터는 디캔팅하면 탄산의 변화가 일어나 물맛이 달라지므로 디캔팅을 하지 않는 것이 좋다.

** 03

마이클 마스카(Michael Mascha) 박사의 음식과 먹는샘물의 조화규칙에 대하여 서술하시오.

마이클 마스카 박사는 경험과 지식을 통해 음식과 먹는샘물의 조화를 '75%, 20%, 5%의 규칙'으로 정하고 음식에 따른 먹는샘물을 추천하고 있다. 탄산화 규칙은 음식과 먹는샘물의 조화에서 물의 탄산화 정도를 75% 적용한다는 규칙이며, 먹는샘물의 탄산가스 기포가 매우 중요하다는 것을 의미한다. 그 이유는 탄산가스의 유무나 함유량은 구강촉감에 큰 영향을 미치며, 음식의 식감은 먹는샘물의 탄산가스 기포와 크기 등에 의해 달라질 수 있기 때문이다. TDS규칙은 음식과 먹는샘물의 조화에서 물의 미네랄 함유량인 총용존고형물(TDS)을 20% 적용한다는 규칙이다. TDS가 낮은 먹는샘물은 가볍고 상쾌한 맛이 나고, TDS가 조금 높은 먹는샘물은 약간의 무게감과 미네랄이 감지되면서 식감을 높여준다. pH규칙은 음식과 먹는샘물의 조화에서 물의 pH(용액의 수소이온농도지수)수준을 5% 적용하는 규칙을 말하며, pH가 중성인 먹는샘물은 어떤 음식과도 잘 어울리며, pH가 산성인 먹는샘물은 기름진 음식이나 해산물과 함께 마시면 생선의 신선도와 식감이 살아난다고 한다. 한편, 약알칼리성 먹는샘물은 가끔 단맛이 날 수도 있다고 한다.

** 04

음식과 먹는샘물의 조화에 대한 기본 매너를 서술하시오.

먹고 마시는 즐거움이 있어야 하며, 음식에 어울리는 다양한 먹는샘물을 선택할 수 있는 능력과 경험을 갖고 있어야 한다. 음식과 먹는샘물의 조화 시에는 다른 사람의 의견과 경험을 소중히 여겨야 한다.

*** 05

고재윤 교수의 '음식과 먹는샘물의 기본 원칙' 6가지를 쓰시오.

첫째, 신토불이 원칙, 둘째, 개성화 원칙, 셋째, 구강촉감의 원칙, 넷째, 탄산화 원칙, 다섯째, 와인우선주의, 여섯째, 후회의 원칙이다.

생활 속의 먹는샘물 활용법

06

OX형

★ 01
쌀로 밥을 지을 때는 경수를 사용하면 적당한 찰기에 윤기가 나면서 밥맛이 좋아진다.

쌀을 씻을 때와 밥을 지을 때는 천연연수를 사용해야 쌀의 맛을 보존할 수 있으며 적당한 찰기에 윤기가 나면서 밥맛이 좋아진다.

■ X

★ 02
커피를 추출할 때는 풍미를 위해 pH가 7.1인 중성의 물을 추천한다.

■ ○

★ 03
한식은 국물이 주를 이루기 때문에 연수를 사용하는 것이 음식의 제 맛을 느끼기에 좋다.

한식은 국물을 주를 이루고 있기 때문에 연수를 사용하고, 찌개나 샤브샤브, 불고기 경우는 중경수를 사용하며 경수는 사용하지 않는 것이 좋다.

■ ○

★ 04
증류수는 순수한 물이므로 인체에 유익하다.

증류수는 유기물이 제거되어 생명체 내의 영양소를 비롯한 각종 이온 물질을 빼앗는 역할을 한다.

■ X

★★
05
커피 추출에 사용되는 물은 연수에서 중경수일 때 커피 맛을 더 좋게 하고, 무기축적물을 제거하지 않아도 된다.

■○

★★
06
맛을 즐기는 녹차의 경우는 경수가 적합하며 연수를 사용하면 차의 감칠맛이 잘 추출되지 않는다.

녹차의 경우는 연수가 적합하다.

■ X

★★
07
보이차를 우릴 경우 알맞은 물은 중경수로 50~100mg/L가 적합하지만 홍차의 경우는 생산 지역에 따라 경도가 조금씩 차이가 있다.

■○

★★★
08
커피 추출에 사용되는 물로는 염소가 함유된 물을 사용하지 않는 것이 좋다.

■○

★★★
09
중국 남송시대 시인 육우는 차를 우릴 때 사용하는 물로는 그 지역에서 나오는 샘물이 최상이라고 추천하였다.

■○

★★★
10

차종류에 따라 차이는 있지만 차를 즐길 때 물의 온도가 중요한데 너무 뜨거우면 쓴맛이 강해져 80℃(옥로의 경우 60℃, 보이차의 경우 90℃)정도의 물을 사용해야 차 맛을 제대로 즐길 수 있다.

■ ○

선택형

★
01

쌀을 씻을 때와 밥을 지을 때 사용하면 적합한 물은?
① 수돗물 ② 천연연수
③ 중경수 ④ 강경수

쌀을 씻을 때와 밥을 지을 때 천연연수를 사용하면 쌀의 맛을 보존할 수 있고, 적당한 찰기에 윤기가 나면서 밥맛이 좋아진다.

■ ②

★
02

커피추출에 있어 적합한 물이 아닌 것은?
① pH 7.1의 중성
② pH 8 이상의 알칼리성
③ 연수~중경수의 경도
④ 총용존 고형물 100TDS 이하

커피추출에는 pH 7.1의 중성의 물 그리고 물속 총용존 고형물 100TDS 이하가 좋으며 연수에서 중경수 수준일 때 커피 맛을 더 좋게 한다.

■ ②

★
03
녹차를 우리기에 적합한 물은?
① 연수　　　　　　　　　　② 중경수
③ 경수　　　　　　　　　　④ 강경수

맛을 즐기는 녹차의 경우에는 연수가 적합하다.

■ ①

★★
04
한식을 요리할 때 추천할 수 있는 적합한 물은?
① 연수　　　　　　　　　　② 중경수
③ 경수　　　　　　　　　　④ 강경수

한식은 국물이 주를 이루기 때문에 연수(0~100mg/L)를 사용하는 것이 좋다.

■ ①

★★
05
차의 단맛을 느끼기 위한 적합한 물의 온도는?
① 60℃　　　　　　　　　　② 70℃
③ 80℃　　　　　　　　　　④ 90℃

너무 뜨거우면 쓴맛이 강해져 단맛을 느낄 수 없으므로 물을 좀 식혔다가 80℃정도에서 사용해야 차 맛을 제대로 즐길 수 있다.

■ ③

★★
06
향을 즐기는 홍차에 사용하면 적합한 물은?
① 연수　　　　　　　　　　② 중경수
③ 경수　　　　　　　　　　④ 강경수

홍차는 미네랄이 들어 있는 중경수가 적합하다.

■ ②

07 ★★★

서양음식인 스튜, 소고기 스테이크, 양고기 스테이크에 사용하면 적합한 물은?

① 연수
② 중경수
③ 경수
④ 강경수

스튜, 소고기 스테이크, 양고기 스테이크의 경우 중경수(100~ 300mg/L)를 사용해야 요리의 제 맛을 느낄 수 있다.

■ ②

08 ★★★

천연연수로 밥을 지었을 때의 특징은?

① 섬유질이 단단해진다.
② 적당한 찰기가 나며, 밥맛이 좋아진다.
③ 쌀의 맛을 보존할 수 없다.
④ 물이 부족하여 고두밥이 된다.

천연연수를 사용해야 쌀의 맛을 보존할 수 있으며 적당한 찰기에 윤기가 나면서 밥맛이 좋아진다.

■ ②

09 ★★★

연수를 사용하여 차를 우릴 경우 적합한 차의 종류는?

① 녹차
② 홍차
③ 우롱차
④ 보이차

연수는 녹차를 우릴 때 사용할 경우 녹차의 감칠맛이 잘 추출된다.

■ ①

10

차를 추출 할 때 사용하기 좋은 물에 대한 설명이 아닌 것은?
① 맛을 즐기는 녹차의 경우는 연수가 적합하다.
② 차의 감칠맛은 연수일 때 잘 추출되지 않는다.
③ 향을 즐기는 홍차와 보이차는 미네랄이 들어있는 중경수가 적합하다.
④ 만약 차를 증류된 연수나 경수($CaSO_4$, 칼슘황산염)로 우릴 경우 밝고 맑지만, 경수 ($CaCO_3$, 탄산칼슘)로 우릴 경우는 맛이 없고 흐리게 된다.

경수를 사용하면 차의 감칠맛이 잘 추출되지 않는다.

■ ②

단답형

01

밥을 지을 때 (　　　　)를 사용하면 쌀의 섬유질이 단단해져 찰기가 없고 물이 부족한 고두밥이 된다.

■ 경수

02

맛을 즐기는 녹차의 경우는 (　　　　)가 적합하다.

맛을 즐기는 녹차의 경우는 연수가 적합하며 경수를 사용하면 차의 감칠맛이 잘 추출되지 않는다.

■ 연수

⭐⭐
03
차를 증류된 연수나 중경수로 우릴 경우 밝고 맑지만 (　　　)로 우릴 경우는 맛이 없고 흐리다.

■ 경수

⭐⭐
04
물 온도가 너무 뜨거우면 쓴맛이 느껴져 단맛을 느낄 수 없으므로 (　　　)℃ 정도에서 우려야 차 맛을 제대로 즐길 수 있다.

■ 80

⭐⭐
05
수돗물로 쌀을 씻고 밥을 지으면 (　　　) 냄새를 풍기고 오래 밥을 보관하면 누렇게 변색이 된다. 수돗물을 큰 대야에 받아놓으면 염소가 날아가기 때문에 밥이 변색되는 것을 어느 정도 막을 수 있다.

■ 염소

⭐⭐⭐
06
맛을 즐기는 녹차의 경우에는 (　　　)가 적합하며, 향을 즐기는 홍차와 보이차는 미네랄이 들어있는 (　　　)가 적합하다.

맛을 즐기는 녹차의 경우에는 연수가 적합하며, 향을 즐기는 홍차와 보이차는 미네랄이 들어있는 중경수가 적합하다.

■ 연수, 중경수

★★★
07

홍차나 보이차의 경우 경도의 범위가 (   )~(   )mg/L가 적합하지만 홍차인 경우는 생산 지역에 따라 약간의 차이가 있다.

■ 50~100mg/L

★★★
08

커피 추출에 있어 만약 알칼리성 물밖에 없다면 원두를 가볍게 로스팅하여 사용하고, (   ) 인 물을 사용할 경우에는 원두를 더 강하게 로스팅하여 사용하는 것이 좋다.

알칼리성 물의 경우는 원두를 가볍게 로스팅하여 사용하고, 산성인 물을 사용할 경우에는 원두를 더 진하게 로스팅하여 사용하는 것이 좋다.

■ 산성

★★★
09

커피추출에 있어 물이 산성일 경우에는 (   ) 자체의 결점을 부각시키고, 알칼리성 일 경우에는 (   )을/를 빼앗아가는 특징을 보인다.

■ 원두, 풍미

★★★
10

막걸리나 사케 같은 경우에도 물에 따라 맛이 달라지는데, 일반적으로 (   )을/를 사용하는 경우에는 부드럽고 바디감이 가볍지만 (   )을/를 사용하는 경우에는 우아하면서 바디감이 무겁고 향이 두드러지는 특징을 갖는다.

■ 연수, 중경수

서술형

★ 01
쌀을 씻을 때와 밥을 지을 때 사용하면 좋은 물과 그 이유에 대해 서술하시오.

쌀을 씻을 때와 밥을 지을 때는 천연연수를 사용해야 쌀의 맛을 보존할 수 있으며 적당한 찰기와 윤기가 나며 밥맛이 좋아진다. 경수를 사용하면 쌀의 섬유질이 단단해져 찰기가 없고 물이 부족한 고두밥처럼 된다.

★★ 02
녹차, 홍차, 보이차를 우릴 때 사용하면 좋은 물에 대해 서술하시오.

차에는 녹차, 홍차, 우롱차, 보이차 등이 있으며 녹차는 주로 맛을 즐기는 것이며 홍차와 보이차는 향을 즐기는 것이다. 맛을 즐기는 녹차의 경우에는 연수가 적합하며 경수를 사용하면 차의 감칠맛이 잘 추출되지 않는다. 반대로 향을 즐기는 홍차와 보이차는 미네랄이 들어있는 중경수가 적합하며, 향은 연수일수록 잘 추출되지 않는다고 한다. 만약 차를 연수나 경수로 우릴 경우 밝고 맑지만 경수로 우릴 경우는 맛이 없고 탕색이 흐리다. 연수라 하더라도 경도가 너무 낮으면 향이 제대로 나지 않으므로 50mg/L 정도가 제일 좋다.

★★ 03
서양인들이 연수를 마시거나 서양음식을 만들 때 연수를 사용할 경우 초래될 수 있는 문제점에 대해 서술하시오.

서양인들은 중성지방이나 고단백질 등의 음식에 경수를 마셔 칼슘과 마그네슘 등의 미네랄 섭취를 통해 건강을 유지해 왔으며, 탄산수를 마시면서 소화를 촉진시켰다. 그러나 서양음식을 먹으면서 연수를 마시거나 서양음식을 만들 때 연수를 사용할 경우 몸속에 고칼로리, 고 콜레스테롤이 많이 쌓이게 되고 칼슘이나 마그네슘 같은 미네랄의 결핍으로 뇌경색, 심근경색으로 쓰러지는 경우가 급증하게 된다.

★★ 04
커피 추출에 좋은 물의 특징(TDS, pH 등)에 대하여 설명하시오.

- 물속의 총용존 고형물은 100TDS 이하가 좋으며 연수에서 중경수 수준일 때 커피 맛을 더 좋게 한다.
- pH는 7.1 정도가 좋다.
- 수돗물처럼 염소가 함유된 물은 사용하지 않는 것이 좋다.

건강을 위한 먹는샘물 선별법

07

OX형

★
01
건강에 좋은 물의 공통점은 풍부한 미네랄, 높은 용존 산소량, 약알칼리성이다.

○

★
02
일반적으로 가장 맛있게 느껴지는 물의 제공온도는 12~15℃이다.
일반적으로 가장 맛있게 느껴지는 먹는샘물의 제공온도는 10~12℃이다.

X

★
03
식사 30분 전에 마시는 물은 위액 분비를 촉진시켜 입맛을 돋우는 역할을 한다.

○

★★
04
물은 세포의 형태를 유지하고 대사 작용을 높이며 혈액과 조직액의 순환을 원활하게 해주는 역할을 한다.

○

★★ 05

세계 장수촌의 먹는샘물 중에 루르드 샘물은 칼슘과 게르마늄이 다량 함유되어 있어 심장병과 암 치료에 효과를 보고 있다.

■○

★★ 06

독일의 노르데나우 샘물은 수천 년 동안 쌓인 빙하가 녹아 흘러내린 물로 칼슘과 마그네슘이 다량 함유된 약알칼리성 경수이다.

독일의 노르데나우 샘물은 동굴 속에서 우연히 발견되면서 명소가 된 곳으로 칼슘이 다량 함유되어 있어 항산력 있는 경수로이다. 수천 년 동안 쌓인 빙하가 녹아 흘러내린 물로 칼슘과 마그네슘이 다량 함유된 약알칼리성 경수는 파키스탄 훈자의 먹는샘물이다.

■ X

★★ 07

고혈압, 심장병 등의 성인병을 예방하기 위해서는 마그네슘, 칼슘, 칼륨, 아연 등이 적정하게 함유된 물이 좋다.

■○

★★ 08

좋은 먹는샘물의 조건으로는 물속에 유해한 물질이 들어 있지 않아야 하며, 미네랄 성분은 균형 있게 함유되어 있어야 하고, 높은 경도의 물이면서 약알카리성이어야 한다.

물을 전문으로 연구하는 학자들이 말하는 좋은 먹는샘물의 조건은 물속에 유해한 물질이 들어있지 않아야 하며, 미네랄 성분은 균형 있게 함유하고 있어야 하고, 산소와 탄산가스가 충분히 녹아있어야 한다. 또한 물의 경도가 너무 높지 않아야 하며, 약 알칼리성이고 항산화 물질이나 체내 효소의 활동을 저하시키지 않는 것이어야 한다고 주장하고 있다.

■ X

09 ★★★

먹는샘물에 포함된 다양한 미네랄에서 중탄산염(bicarbonate)은 피부, 머리카락, 손톱을 이루는 필수성분으로 콜라겐을 형성해 피부노화를 예방하는 역할을 한다.

중탄산염(bicarbonate)은 체액의 pH를 중화하고, 몸의 산성화를 막고 소화를 촉진하는 역할을 하며, 실리카(silica)는 피부, 머리카락, 손톱을 이루는 필수성분으로 콜라겐을 형성해 피부노화를 예방한다.

■ X

선택형

01 ★

세계 장수마을의 연결이 잘못된 것은?
① 파키스탄 – 훈자의 먹는샘물
② 프랑스 – 트라코테의 먹는샘물
③ 독일 – 노르데나우의 먹는샘물
④ 에콰도르 – 비카밤바의 먹는샘물

프랑스 – 루르드의 샘물, 멕시코 – 트라코테 먹는샘물

■ ②

02 ★

먹는샘물의 올바른 보관방법으로 거리가 먼 것은?
① 개봉한 먹는샘물은 되도록 빨리 마시는 것이 좋다.
② 개봉한 먹는샘물은 냉장보관하는 것이 위생적이다.
③ 개봉하지 않은 먹는샘물의 경우 장기간 보관이 가능하다.
④ 냉장보관이 어려울 경우 서늘하고 그늘진 장소에서 보관하는 것이 좋다.

개봉한 먹는샘물은 하루 안에 마시는 것이 좋으며 먹는샘물을 개봉하면 세균 번식이 시작되기 때문에 빨리 마시는 것이 좋다. 냉장 보관하는 것이 위생적이며 맛도 유지할 수 있는 비결이다. 개봉하지 않은 먹는샘물 또한 냉장고에서 보관하는 것이 미네랄이나 청량한 맛을 유지할 수 있는 방법이다. 냉장보관이 여의치 않으면 서늘하고 그늘진 장소를 택하는 것이 좋다. 햇빛에 오래 노출되거나 3개월 이상 장기간 보관할 경우 변질될 위험이 높아진다.

■ ①

03
일반적으로 가장 맛있게 느껴지는 먹는샘물의 제공온도는?
① 8~10℃ ② 10~12℃
③ 12~14℃ ④ 14~6℃

일반적으로 가장 맛있게 느껴지는 먹는샘물의 제공온도는 10~12℃이다. 그러나 계절에 따라 마시는 온도에 약간의 차이가 있으며 먹는샘물의 종류에 따라서도 다르다.

■ ②

04
물이 인체에 미치는 영향이 아닌 것은?
① 세포의 형태를 유지한다.
② 혈액과 조직액의 순환을 원활하게 해준다.
③ 체내의 불필요한 노폐물을 체외로 배설한다.
④ 혈액을 산성으로 유지시켜주며 체온조절을 한다.

물이 인체에 미치는 영향에는 크게 세 가지가 있다. 첫째 세포의 형태를 유지하고 대사작용을 높이면서 혈액과 조직액의 순환을 원활하게 해준다. 둘째, 영양소를 용해시켜 이를 흡수하고 운반해서 필요한 세포에 공급하며, 체내에 불필요한 노폐물을 체외로 배설한다. 셋째, 혈액을 중성내지 약알칼리성으로 유지시켜주며 체내의 열을 발산시켜서 체온 조절을 함으로써 생명유지에 필수적인 역할을 한다.

■ ④

05
물을 연구하는 학자들이 말하는 좋은 물의 조건은?
① 경도가 높은 물
② 약알칼리성의 물
③ 산소와 탄산가스를 제거한 물
④ 특정 미네랄이 다량 함유된 물

물을 연구하는 학자들이 말하는 좋은 물의 조건은 물속에 유해한 물질이 들어있지 않아야 하며, 미네랄 성분은 균형 있게 함유하고 있어야 하며, 산소와 탄산가스가 충분히 녹아있어야 하며 물의 경도가 너무 높지 않아야 하며, 약알칼리성이고 인체의 pH가 7.35~7.45 정도로 유지될 수 있도록 pH 6.5~9.5가 적당하며 항산화 물질이나 체내의 효소의 활동을 저해시키지 않는 것이어야 한다.

■ ②

★★ 06

우리나라의 대표적인 약수가 잘못 짝지어진 것은?

① 양양 - 오색약수
② 인제 - 필례약수
③ 홍천 - 방아다리약수
④ 울릉도 - 도동약수

홍천에는 삼봉약수가 있으며 방아다리약수는 평창에 있다.

■ ③

★★★ 07

수치요법(水治療法)과 관련이 없는 인물은?

① J. H. 켈로그(J. H. Kellogg)
② 마이클 마스카(Michael Mascha)
③ 파스테르 크네이프(Pastor Kneipp)
④ 빈센트 프리스니츠(Vincent Priessnitz)

19세기 유럽에서 개발된 빈센트 프리스니츠(Vincent Priessnitz)의 찬물치료법과 파스테르 크네이프(Pastor Kneipp)의 더운물과 찬물치료법은 아직도 수치요법의 표준시술방법이 되고 있다. 필라델피아의 J. H. 켈로그(J. H. Kellogg) 박사는 〈합리적인 수치요법〉이라는 저서에서 포괄적인 수치요법에 대해 기술하였다.

■ ②

★★★ 08

프랑스 루르드 샘물에 대한 설명으로 맞는 것은?

① 신성한 마을
② 훈자의 먹는샘물
③ 미야자키 하야오(Miyazaki Hayao)
④ 마리아 베르나테트 수비루(Marie Bernadette Soubirous)

프랑스 루르드의 물은 성모마리아가 가난하고 천한 신분의 14세 소녀 마리아 베르나테트 수비루(Marie Bernadette Soubirous)의 앞에 발현하여 '샘에 가서 물을 마시고 몸을 씻으라.'고 했던 샘물로 치유의 기적을 일으키면서 유명해졌다.

■ ④

★★★
09
운동 후 땀을 많이 흘려 급격한 체력 소모 후, 갈증해소와 체력을 보강해주는 먹는샘물로 알맞지 않은 것은?

① 로스바허(Rosbacher)
② 이드록시다즈(Hydroxydase)
③ 게롤슈타이너(Gerolsteiner)
④ 와일드알프 베이비워터(Wildalp Baby Water)

운동 후 땀을 많이 흘려 급격한 체력 소모 후, 갈증해소와 체력을 보강해줄 수 있는 칼슘과 마그네슘, 나트륨의 함유량이 많은 먹는샘물이 좋다. 피로회복과 기분전환에 좋은 먹는샘물로는 로스바허(Rosbacher), 이드록시다즈(Hydroxydase), 게롤슈타이너(Gerolsteiner), 페리에(Perrier), 힐돈(Hildon) 등이 있다. 와일드알프 베이비워터(Wildalp Baby Water)는 유아음식전용 먹는샘물로 유명하며, 다량의 천연산소를 함유하고 있어 끓이지 않고도 분유나 이유식에 타서 바로 먹을 수 있다.

■ ④

단답형

★
01
좋은 샘물의 공통점은 풍부한 (　　　)과 높은 용존산소량, 그리고 약알칼리성이다.

■ 미네랄

★
02
인체의 생리기능을 유지시켜주는 미네랄은 일곱 가지로 물에 포함된 미네랄 중 (　　　)은 뼈와 치아를 이루는 주성분이며 어린이 성장에 필수요소로 작용한다.

■ 칼슘(Ca)

★ 03

수치요법(水治療法)은 가장 오래 되고 값싼 치료법 중 하나로 'Hydro'는 (　　), 'Therapy'는 (　　)를 의미한다.

수치요법 (水治療法)은 가장 오래되고 값싼 치료법 중 하나로 'Hydro'는 물, 'Therapy'는 치료를 의미한다. 'Hydrotherapy'는 물을 이용하여 질병을 치료하는 학문으로 물이 곧 약이요, 의료술이라는 뜻이다.

■ 물, 치료

★★ 04

수치요법에서 빈센트 프리스니츠(Vincent Priessnitz)의 (　　)은 아직도 수치요법의 표준 시술 방법이다.

수치요법에서 빈센트 프리스니츠(Vincent Priessnitz)의 찬물치료법과 파스테르 크네이프(Pastor Kneipp)의 더운물과 찬물치료법은 아직도 수치요법의 표준시술방법이다.

■ 찬물치료법

★★ 05

계절에 따라 물을 마시는 온도에 약간의 차이가 있으며, 먹는샘물의 종류에 따라서도 다르다. 세계적인 물 전문가 (　　) 박사는 탄산가스 함유 정도에 따라 먹는샘물의 제공온도를 다르게 해야 한다고 주장하고 있다.

계절에 따라 물을 마시는 온도에 약간의 차이가 있으며, 먹는샘물의 종류에 따라서도 다르다. 세계적인 물 권위자 마이클 마스카(Michael Mascha) 박사는 탄산가스 함유 정도에 따라 먹는샘물의 제공온도를 다르게 해야 한다고 주장하고 있다.

■ 마이클 마스카(Michael Mascha)

★★ 06

남미의 깊숙한 고원지대의 비카밤바족이 마시는 계곡물은 (　　)과 (　　)이 많이 함유된 경도가 높은 물이다.

■ 칼슘(Ca), 마그네슘(Mg)

★★★
07

전 세계 신비한 치유력이 있는 물 중에서 활성수소 작용이 강한 (　　　) 먹는샘물은 미국의 농구스타 매직 존슨(Magic Johnson)이 이 물을 마시고 에이즈를 치료했다고 알려지면서 유명해졌다.

■ 트라코테(Tlacote)

★★★
08

장 기능이 약한 아기들은 물 분자구조가 작고 흡수가 잘 되는 종류의 먹는샘물이 좋으며 아기에게 좋은 대표적인 먹는샘물로는 오스트리아 (　　　　　)가 있으며 이는 용해도가 높아 끓이지 않고도 분유가 잘 녹는 특징이 있다.

아기에게 좋은 대표적인 먹는샘물로 오스트리아 알프스 산맥의 와일드 알펜에서 생산되는 와일드알프 베이비 워터(Wildalp Baby Water)는 칼슘 45mg/L, 중탄산염 196mg/L, 마그네슘 12mg/L 등이 함유되어 있고 용해도가 높아 끓이지 않고도 분유가 잘 녹는 특징이 있다.

■ 와일드알프 베이비 워터(Wildalp Baby Water)

★★★
09

사람의 몸에 있는 혈관과 혈액이 가장 필요로 하는 것이 물이다. 고혈압 심장병 등의 성인병을 예방하기 위해서는 마그네슘, 칼슘, 칼륨, 아연 등이 적정하게 함유한 먹는샘물이 좋으며, 당뇨병에는 (　　　　)를 정기적으로 마시면 효과를 볼 수 있다.

■ 알칼리 이온수

★★★
10

다이어트에는 수분섭취와 이뇨작용을 원활하게 하여 기초대사량을 높이는 것이 좋으며, 노폐물 제거나 신체리듬에 균형을 유지해줄 수 있는 칼슘과 마그네슘이 다량 함유된 물이 적절하다. 특히 프랑스의 (　　　　)은/는 다이어트를 위한 먹는샘물로 유명하다.

■ 이드록시다즈(Hydroxydase)

서술형

★
01
인체에 필수불가결한 7대 미네랄과 그 특징에 대해 서술하시오.

인체의 생리기능을 조절해주는 필수미네랄은 일곱 가지가 있다. 칼슘(Ca)은 뼈와 치아를 이루는 성분으로 어린이 성장에 필수요소이며, 칼륨(K)은 인체 내에 나트륨이 쌓이는 것을 억제하고 혈압을 적정하게 유지시켜준다. 마그네슘(Mg)은 칼슘작용을 돕고 근육과 신경기능을 정상적으로 유지시켜주며, 나트륨(Na)은 인체 내에 전해질을 조절하고 신경자극을 전달하는 역할을 한다. 염소(Cl)는 인체 내의 혈장과 위액의 구성성분으로 소화작용에 중요한 역할을 하고, 인(P)은 인체 내의 뼈와 치아의 구성성분으로 세포의 성장과 에너지를 생성한다. 황(S)은 피부를 건강하게 유지하고 머리카락을 빛나게 하는 역할을 한다.

★★
02
피부에 좋은 물의 특징과 대표적인 물에 대해 서술하시오.

고농도의 산소수나 알칼리 이온수를 마시면 몸속에 산소를 불어넣는 효과를 볼 수 있다. 노화방지 효과가 있는 먹는샘물이나 연수에서 중경수 탄산수를 마시면 산소의 흡수력이 높아 혈액순환을 돕고 노폐물 배출도 원활해져 건강하고 탄력 있는 피부유지에 효과가 있다.
대표적인 먹는샘물로는 프랑스 이드록시다즈(Hydroxydase), 이탈리아 아쿠아 판나(Aqua Panna), 우리나라의 에이수(Eisu)와 아이시스(Icis)가 있다.

★★
03
좋은 물의 조건에 대해 서술하시오.

좋은 물의 조건은 물속에 유해한 물질이 들어있지 않아야 하며 미네랄 성분은 균형 있게 함유되어 있어야 하며, 산소와 탄산가스가 충분히 녹아 있어야 하며, 물의 경도가 너무 높지 않아야 하며, 약알칼리성이고 인체의 pH가 7.35~7.45 정도로 유지될 수 있도록 pH 6.5~9.5가 적당하며 항산화 물질이나 체내 효소의 활동을 저하시키지 않는 것이어야 한다.

★★★
04
운동전후에 먹기 좋은 먹는샘물 중에 독일의 로스바허(Rosbacher)가 유명한 이유를 설명하시오.

천연탄산수 로스바허(Rosbacher)는 칼슘과 마그네슘의 비율이 2:1로 구성되어있다. 이 구조는 인체에서 배출되는 땀의 구성 비율과 동일하다. 땀의 배출로 부족한 미네랄을 보충해줄 수 있을 뿐만 아니라, 운동전후에 마시기 적합한 먹는샘물로 유명해졌다.

워터 소믈리에의 세계

08

OX형

★ 01
최근 유럽에서는 미쉐린 가이드 3스타 레스토랑을 중심으로 워터 소믈리에의 채용이 확산되고 있다.

■ ○

★ 02
기록상으로 최초의 워터 바는 이탈리아에 위치하고 있는 콜레트 워터 바(Colette Water Bar)이다.

기록상으로 최초의 워터 바는 2000년에 오픈한 프랑스 파리의 콜레트 워터 바(Colette Water Bar)이다.

■ X

★ 03
먹는샘물의 매출은 워터 소믈리에의 유무, 먹는샘물에 대한 전문지식과 추천능력에 따라 상당한 차이를 보인다.

먹는샘물의 매출은 워터 소믈리에의 유무, 먹는샘물에 대한 전문지식과 추천능력에 따라 상당한 차이를 보이며, 유능한 자질을 지닌 워터 소믈리에는 백화점, 워터 바, 고급레스토랑의 매출에 중요한 영향을 미친다.

■ ○

★ 04
호텔이나 레스토랑에서 최상의 서비스는 정수기를 사용한 물에 아이스를 넣어 제공하는 것이다.

순수하고 깨끗하게 정수된 물도 중요하지만 최근에는 미네랄이 풍부하고 건강에 좋은 물을 찾는 시대가 도래하면서 호텔이나 레스토랑에서도 미네랄이 함유된 먹는샘물을 제공하고 있다.

■ X

★★ 05
워터 소믈리에(Water Sommelier)는 워터 스튜어드(water steward), 워터 매니저(water manager)로 불리기도 한다.

■○

★★ 06
워터 소믈리에는 소비자의 입맛을 대신하여 먹는샘물의 블라인드 테이스팅 능력을 갖추어야 한다.

워터 소믈리에는 소비자의 입맛을 대신하여 먹는샘물의 블라인드 테이스팅 능력을 갖추어야 하며, 와인과 마찬가지로 먹는샘물 테이스팅을 과학적이고 전문적으로 수행하면서 누구나 공감할 수 있는 명쾌한 분석과 함께 주관적인 판단력도 가져야 한다.

■○

★★ 07
워터 소믈리에는 식음료 분야에 있어 워터에 대한 지식만을 갖추고 있으면 가능하다.

워터 소믈리에는 먹는샘물에 대한 관심과 열정을 가지고 와인과 음료는 물론 음식에 대한 해박한 지식을 갖추어야 한다. 증류주부터 미네랄워터, 커피, 홍차, 사케, 전통주, 맥주 등을 포함하여 모든 음료에 대한 생산지역과 맛과 향의 특성을 알고 있어야 한다.

■X

★★★ 08
일본 최초의 여성 워터 소믈리에는 '산에 아키'이다.

최초의 여성 워터 소믈리에 '산에 아키'는 이탈리아의 아담 테스터스 미네랄워터 협회의 워터 소믈리에 교육을 받고 귀국한 뒤 일본 최초로 워터 소믈리에 교육 프로그램을 주도하였다.

■○

★★★
09

워터 소믈리에는 다양한 먹는샘물의 개성을 살릴 수 있도록 먹는샘물별 보관온도와 적정 서비스온도를 숙지해야 한다.

워터 소믈리에는 먹는샘물별 보관온도와 적정 서비스온도를 숙지하고 서비스하여야 하며 소비자가 기능성 먹는샘물을 요구할 때도 적합한 먹는샘물을 추천할 수 있는 능력을 갖추어야 한다.

■ ○

★★★
10

워터 소믈리에는 호텔 식음료와 케이터링 분야의 와인전문가에서 파생한 직업으로 먹는샘물을 전문으로 다루는 전문가라고 할 수 있다.

■ ○

선택형

★
01

먹는샘물을 전문으로 다루는 사람을 무엇이라 하는가?
① 워터 바텐더
② 소믈리에
③ 바리스타
④ 워터 소믈리에

■ ④

★
02

워터 소믈리에를 부르는 다른 용어가 아닌 것은?
① 워터 스튜어드
② 워터 웨이터
③ 워터 바텐더
④ 워터 매니저

워터 소믈리에(Water Sommelier)는 워터 스튜어드(water steward), 워터 웨이터(water waiter) 워터 매니저(water manager), 워터 어드바이저(water advisor)라고 부르기도 한다.

■ ③

★★
03

최초의 워터 바(Water bar)를 개장한 국가는?
① 일본
② 한국
③ 프랑스
④ 이탈리아

기록상으로 최초의 워터 바(Water bar)는 2000년에 프랑스 파리에서 오픈한 콜레트 워터 바(Colette Water Bar)이다.

■ ③

★★
04

처음으로 워터 소믈리에 교육 프로그램을 개발하여 워터 소믈리에를 양성하기 시작한 것은 언제인가?
① 1992년
② 1995년
③ 2002년
④ 2004년

이탈리아에서 2002년 의사, 영양사, 지질학자, 화학자, 물 전문가들이 모여 아담 테스터스 미네랄워터 협회(ADAM : Taster Mineral Water Association)를 창립하였다.

■ ③

05

워터 소믈리에의 역할이 아닌 것은?
① 최신 정보로 먹는샘물을 구매하는 프로세스를 갖추어야 한다.
② 체계적인 먹는샘물의 구매와 재고관리를 해야 한다.
③ 영업장의 매출액은 지배인이 담당하고 본인은 먹는샘물에만 전담한다.
④ 음식과 먹는샘물의 조화능력을 갖추어야 한다.

워터 소믈리에는 먹는샘물과 다른 음료의 매출을 위해 적극적인 마케팅과 이벤트를 계획하고 실행하여야 하며, 먹는샘물뿐만 아니라 전체 영업장의 이윤창출에도 기여해야 한다.

■ ③

06

워터 소믈리에의 역사에 대한 설명으로 틀린 것은 무엇인가?
① 세계1호의 워터 바(Water bar)는 프랑스 파리에 위치하고 있으며 2001년에 오픈한 콜레트 워터 바이다.
② 2001년 미국 맨해튼 리츠칼튼 호텔의 소믈리에로 근무하던 필립 레트맨이 음식과 와인에 어울리는 물을 소개하였다.
③ 두바이 7성급 호텔인 버즈 알 아랍 호텔에서 음식과 먹는샘물의 조화를 위해 워터 소믈리에를 고용하였다.
④ 중국 상해의 외국문화클럽에서도 아시아 최초로 워터 바가 개장되었다.

일본은 아시아 최초로 와인뿐만 아니라 워터 소믈리에 양성에 선도적인 역할을 하고 있으며, 프랑스 파리에 있는 콜레트 워터 바는 2001년에 개장하였다.

■ ④

07

워터 소믈리에의 역할이 아닌 것은?
① 최신 정보를 바탕으로 먹는샘물을 구매하는 능력
② 체계적인 구매와 함께 재고관리
③ 영업장의 매출액 증대
④ 고가의 먹는샘물 위주의 판매 몰입

워터 소믈리에는 먹는샘물이나 다른 음료의 매출을 위해 적극적인 마케팅과 이벤트를 계획하고 실행하여 먹는샘물 매출액에 기여하며 또한 이윤을 창출해야 하는 역할이 있지만 고가의 먹는샘물 위주의 판매보다 소비자가 원하는 먹는샘물을 판매하는 것이 중요하다.

■ ④

08 ★★★

워터 소믈리에의 자질이 아닌 것은?
① 먹는샘물에 대한 관심과 열정
② 국내에서 유통되는 먹는샘물에 대한 전문성
③ 소비자의 입맛을 대신한 블라인드 테이스팅 능력
④ 다양한 먹는샘물의 개성을 살릴 수 있는 보관온도와 적정 서비스 온도에 대한 전문지식

워터 소믈리에는 국내뿐 아니라 전 세계적으로 유통되는 다양한 먹는샘물에 대해서 전문성을 갖추어야 한다.

■ ②

단답형

01 ★

(   )는 호텔 식음료와 케이터링 분야의 와인전문가에서 파생한 직업으로 먹는샘물을 전문으로 다루는 전문가라고 할 수 있다.

워터 소믈리에는 호텔 식음료와 케이터링 분야의 와인전문가에서 파생한 직업으로 먹는샘물을 전문으로 다루는 전문가라고 할 수 있다.

■ 워터 소믈리에(water sommelier)

02 ★★

2011년 국제 소믈리에 협회(ASI)의 회원국인 (   ) 산하에 한국워터 소믈리에협회를 창설하여 워터 소믈리에 교육을 실시하고 자격증 제도를 도입하였다.

2011년 국제소믈리에 협회의 회원국인 (사)한국국제소믈리에협회는 산하에 한국워터 소믈리에협회를 창설하였다.

■ (사)한국국제소믈리에협회

★★ 03

국민소득 3만달러가 되면서 미네랄 워터(Mineral Water)와 티(Tea)의 소비가 증가하였다. 웰빙을 추구하는 소비자들의 수요가 급증하고 물은 몸과 마음을 다스리고 치료하는 수치요법의 하나인 (　　　　　　　　)으로서 역할을 하게 된다.

■ 워터 힐링(Water Healing)

★★★ 04

세계 최초의 워터 바는 (　　　　　　)의 콜레트 워터 바(Colette Water Bar)이다.

세계 최초의 워터 바는 프랑스 파리에 있는 콜레트 워터 바이다.

■ 프랑스 파리(France Paris)

★★★ 05

2011년 맨해튼 리츠칼튼 호텔에 근무하던 소믈리에 (　　　　　　)이 음식과 와인에 어울리는 물을 소개하면서 그 당시 상류사회 고객들에게 큰 파장을 불러 일으켰다.

2011년 맨해튼 리츠칼튼 호텔에 근무하던 소믈리에 필립 레트맨(Filip Wretman)이 음식과 와인에 어울리는 물을 소개하면서 그 당시 상류사회 고객들에게 큰 파장을 불러 일으켰다.

■ 필립 레트맨(Filip Wretman)

★★★ 06

이탈리아는 2002년 의사, 영양사, 지질학자, 화학자, 물 전문가들이 모여 (　　　　　　)를 창립하였다.

■ 아담 테스터스 미네랄워터 협회(ADAM : Taster Mineral Water Association)

서술형

★ 01
워터 소믈리에에 대해 서술하시오.

워터 소믈리에(Water Sommelier)는 호텔 식음료와 케터링 분야의 와인 전문가에서 파생한 직업으로 먹는샘물을 전문으로 다루는 전문가라고 할 수 있다. 워터 스튜어드(water steward), 워터 웨이터(water waiter) 워터 매니저(water manager), 워터 어드바이저(water advisor)라고 부르기도 한다.

★ 02
워터 소믈리에의 역할이 먹는샘물 매출에 미치는 영향에 대해 서술하시오.

먹는샘물의 매출은 워터 소믈리에의 유무, 먹는샘물에 대한 전문지식과 추천 능력에 따라 상당한 차이를 보이며, 유능한 자질을 지닌 워터 소믈리에는 백화점, 워터 바, 고급레스토랑의 매출에 중요한 영향을 미친다. 레스토랑에서 와인과 다른 술들은 고객이 주문하지 않을 때도 있지만 먹는샘물은 필수이기 때문에 음료 매출뿐 아니라 고객만족에도 큰 영향을 미칠 수 있다.

★★ 03
워터 소믈리에의 자질에 대해 서술하시오.

첫째, 먹는샘물에 대한 관심과 열정을 갖고 와인과 음료는 물론 음식에 대한 해박한 지식을 갖추어야 한다. 증류주부터 미네랄워터, 커피, 홍차, 사케, 전통주, 맥주 등을 포함하여 모든 음료에 대한 생산지역과 맛, 향, 특성을 알고 있어야 한다. 둘째, 전 세계적으로 유통되는 다양한 먹는샘물에 대해서 전문성을 갖추어야 한다. 물에 대한 지질학, 성분, 인체에 미치는 기능과 영향, 음식의 조화 등 깊이 있는 지식이 필요하다. 셋째, 워터 소믈리에는 소비자의 입맛을 대신하여 먹는샘물의 블라인드 테이스팅 능력을 갖추어야 하며, 와인과 마찬가지로 먹는샘물 테이스팅을 과학적이고 전문적으로 수행하면서 누구나 공감할 수 있는 명쾌한 분석과 함께 주관적인 판단력도 가져야 한다. 워터 소믈리에는 해양심층수, 빙하수, 화산암반수, 탄산수 등의 종류와 장·단점을 분석하여 고객들의 입맛에 맞는 먹는샘물을 판매해야 한다. 넷째, 다양한 먹는샘물에 대한 개성을 충분히 살릴 수 있도록 먹는샘물별 보관온도와 적정 서비스온도를 숙지하고 서비스하여야 하며, 소비자가 기능성 먹는샘물을 요구할 때도 적합한 먹는샘물을 추천할 수 있는 능력을 갖추어야 한다.

워터 테이스팅

09

OX형

★ 01
워터 테이스팅의 목적은 인체에 무해하고 건강에 좋은 먹는샘물을 찾는 것이다.

■ ○

★ 02
워터 테이스팅은 먹는샘물을 시각적, 미각적, 후각적으로 관찰하면서 감정하고 분석하는 것이다.

■ ○

★ 03
워터 테이스팅을 할 때 부득이하게 식사를 할 경우 양치질한 직후에 하는 것이 좋다.

워터 테이스팅은 식사 전 공복에 하는 것이 좋으며 양치한 후에는 최소 30분이 경과하여 입안에 다른 냄새가 남아있지 않도록 해야 한다.

■ X

★ 04
워터 소믈리에는 고객들을 위해 좋은 먹는샘물을 찾는 전문가가 되어야 하며, 먹는샘물을 감정하고 선별할 수 있는 능력을 갖추고 있어야 한다.

■ ○

★ 05
테이스팅할 먹는샘물을 담는 글라스는 다리(stem)가 있는 투명한 것이어야 하고, 두께는 두껍고 주둥이는 오목하게 모아져 있어야 한다.

먹는샘물을 담는 글라스는 다리(stem)가 있는 투명한 것이여야 하며, 두께는 얇고 주둥이는 오목하게 모아져 있어야 한다.

■ X

★
06

워터 테이스팅 장소로는 음식이나 담배 같은 냄새가 전혀 나지 않는 조용한 곳으로 선정하는 것이 좋다.

■○

★★
07

워터 테이스팅을 할 때는 시음을 하고 난 다음 또 다른 먹는샘물을 시음할 때는 새로 시음하고자 하는 먹는샘물을 부어 헹군 다음 다시 먹는샘물을 부어 시음해도 무방하다.

■○

★★
08

풍미(Sapidity)란 염도로 인한 느낌과 맛으로, 짠맛이 없을수록 좋은 먹는샘물이다.

■○

★★
09

세계 워터 품평회에서는 병입된 수돗물(bottled water)을 시작으로 스틸 워터(still water), 다음으로 스파클링 워터(sparkling water), 마지막으로 수돗물(municipal water) 순서로 시음한다.

세계 워터 품평회에서는 수돗물(municipal water)을 시작으로 병입된 수돗물(bottled water), 스틸 워터(still water), 스파클링 워터(sparkling water) 순서로 시음한다.

■ X

★★
10

워터 소믈리에가 워터 테이스팅을 하는 가장 이상적인 시간은 공복을 느끼는 오전 10시경이나 오후 9시경이 좋다.

워터 소믈리에의 이상적인 테이스팅 환경은 공복을 느끼는 오전 11시경이나 오후 5시 30분경이 좋다.

■ X

★★★
11

시음할 먹는샘물의 온도는 10~13℃가 적당하므로 와인셀러에 적정 온도로 보관해놓는 것이 좋다.

★★★
12

워터 테이스팅할 때의 조명은 자연광이 가장 좋고, 자연광이 없을 경우 백열등을 사용해도 된다.

★★★
13

먹는샘물의 외관을 평가할 때는 워터 글라스에 먹는샘물을 1/3정도 따르고 글라스의 다리를 잡고 45도로 눕혀서 자연광 혹은 백열등 아래에서 자세히 관찰해야 한다.

워터글라스에 먹는샘물을 1/4정도 따르고 글라스의 다리를 잡는다. 워터글라스를 45도로 눕혀서 자연광이나 백열등 아래에서 자세히 관찰한다.

■ X

★★★
14

먹는샘물의 맛을 평가할 때는 물을 한 모금 마셔 입 속에서 공기와 함께 골고루 가볍게 돌린 후 혀로 먹는샘물을 머금고 있다가 삼키기 전에 혀 앞쪽으로 맛보아야 한다.

먹는샘물을 한 모금 마셔 입속에서 골고루 공기와 함께 가볍게 돌린다. 처음에는 혀로 물을 머금고 있다가 삼키기 전에 혀 뒤쪽으로 맛보아야 한다.

■ X

★★★
15

워터 테이스팅 전문용어 중 'Distilled'는 물을 증류하여 무미건조한 상태를 말하며, 생명력이 없으므로 죽음의 물이라고도 한다.

선택형

★ 01
좋은 먹는샘물의 조건으로 틀린 것은?
① 인체에 유해한 물질이 제거된 먹는샘물
② 인체에 유익한 미네랄이 적당히 함유된 먹는샘물
③ 경도가 높은 먹는샘물
④ 음식과 조화로운 먹는샘물

경도가 높지 않은 물이 좋은 먹는샘물의 조건 중 하나이다.

③

★ 02
워터 테이스팅 시 준비해야 하는 준비물이 아닌 것은?
① 워터 글라스　　　　　　② 평가지
③ 타구통　　　　　　　　　④ 곡물빵

워터 테이스팅 시 테이블 위에는 흰색 클로스 혹은 흰색 종이, 워터 글라스, 평가지, 필기도구, 타구통, 워터 크래커 등을 준비한다.

④

★ 03
워터 소믈리에들이 먹는샘물을 테이스팅하기 전에 갖추어야 할 조건이 아닌 것은?
① 식사 전 공복에 하는 것이 좋다
② 테이스팅 공간으로는 다소 소음이 있어도 되나 이취가 있는 곳은 안 된다.
③ 담배를 피우면 안 된다.
④ 양치 후 최소 30분이 경과해야 한다.

워터 테이스팅에 집중할 수 있는 조용한 공간이 필요하다.

②

04

다음 워터 테이스팅 용어 중 먹는샘물을 마시거나 뱉어낸 후 입안에 남아있는 맛과 여운을 의미하는 것은?

① Aftertaste ② Aroma
③ Body ④ Finesse

먹는샘물을 마시거나 뱉어낸 후 입안에 남는 여운을 Aftertaste 혹은 Finish라고 한다. Aroma는 먹는샘물의 냄새, Body는 먹는샘물을 마시고 느껴지는 물의 무게감, Finesse는 아주 탁월한 먹는샘물을 의미하는 용어이다.

■ ①

05

다음 워터 테이스팅 방법 중 틀린 것은?
① 워터글라스에 시음할 먹는샘물을 1/4정도 따른다.
② 투명도 감정을 위해 워터글라스를 들어올려 45도로 비스듬히 기울여 관찰한다.
③ 워터글라스를 가볍게 흔들어 물이 워터글라스의 벽을 타고 아래로 흘러 내려오게 하면 물의 혼탁함이나 투명도를 보다 세심하게 관찰할 수 있다.
④ 하나의 먹는샘물 감정이 끝나고 다음 먹는샘물을 감정할 때까지 적어도 1분 정도 여유를 두어야 정상적인 감각을 찾는다.

하나의 먹는샘물 감정이 끝나고 다음 먹는샘물을 감정할 때까지 적어도 2분 정도 여유를 두어야 정상적인 감각을 찾는다.

■ ④

06

다음 중 '막 깎은 잔디 또는 아침 이슬을 머금은 풀잎 같은 맛'이 나는 먹는샘물을 의미하는 용어는 무엇인가?

① Great ② Grassy
③ Green ④ Guppy water

Great는 품질이 우수한 프리미엄 먹는샘물을, Grassy는 먹는샘물에 조류로 인해 나타나는 냄새를 의미하며, Guppy water는 수족관 물과 같은 이취미가 있는 물을 의미하는 워터 테이스팅 용어이다.

■ ③

07

다음 중 온천수를 의미하는 용어는 무엇인가?

① Table water
② Tap water
③ Thermal water
④ Soda water

Table water는 식사와 함께 제공되는 테이블용 먹는샘물을, Tap water는 수돗물을, Soda water는 소다수를 의미한다.

■ ③

08

다음 중 품질이 좋은 먹는샘물을 뜻하는 용어가 아닌 것은 무엇인가?

① Delicate
② Great
③ Fine
④ Dull

Dull은 신선하지 않고 밋밋하며 청량감이 부족한 먹는샘물의 맛을 의미한다.

■ ④

09

다음 중 용어와 뜻이 잘못 짝지어진 것은?

① Tap Water – 수돗물
② Structured – 곰팡이 냄새
③ Water Soluble – 물에 용해되어 있는 유기화합물(=수용성)
④ Woody – 나뭇잎 썩을 때 나는 나무냄새나 맛

Structured는 먹는샘물의 구조감을 의미하며 골격이라고도 한다. 또는 바디감이라고 표현하기도 한다.

■ ②

★ 10

다음 중 용어와 뜻이 잘못 짝지어진 것은?

① Lake – 담수에서 취수한 물, 흐르지 않는 물
② Quinine Water – 쓴맛이 나는 먹는샘물
③ Round – 입천장에서 느껴지는 균형 잡힌 미네랄, 무결점의 느낌
④ Sediment – 조류로부터 기인된 불쾌한 맛

Sediment는 결함이 아닌 물속의 침전물을 의미한다. Septic은 조류로부터 기인된 불쾌한 맛을 의미한다.

■ ④

★★ 11

마이클 마스카 박사의 워터 테이스팅 용어로 바르게 짝지어진 것은?

① Bold/Expressive – 먹는샘물을 마실 때 느껴지는 상쾌함
② Fresh – 먹는샘물의 전체적인 느낌이나 질감
③ Well-balanced – 미네랄이나 미네랄의 조합으로 먹는샘물 자체에서 느껴지는 맛
④ Round/Soft – 섬세한 맛으로 먹는샘물을 마셨을 때 목 넘김이 부드러운 것

Bold/Expressive – 미네랄이나 미네랄의 조합으로 먹는샘물 자체에서 느껴지는 맛 / Fresh – 먹는샘물을 마실 때 느껴지는 상쾌함으로 입안에서 느끼는 차가운 효과 또는 약간의 산성의 느낌이 있는 맛 / Well-balanced – 서로 다른 감각과 맛, 미네랄이나 신맛, 쓴맛, 짠맛, 단맛, 거품 등이 적정한 비율로 조화를 이루는 맛을 의미한다.

■ ④

★★ 12

세계 워터 품평회에서 워터 테이스팅을 하는 순서로 올바른 것은?

① 수돗물(municipal water) – 병입된 수돗물(bottled water) – 스틸 워터(stil water) – 스파클링 워터(sparkling water)
② 수돗물(municipal water) – 병입된 수돗물(bottled water) – 스파클링 워터(sparkling water) – 스틸 워터(stil water)
③ 병입된 수돗물(bottled water) – 스파클링 워터(sparkling water) – 스틸 워터(stil water) – 수돗물(municipal water)
④ 병입된 수돗물(bottled water) – 스틸 워터(stil water) – 스파클링 워터(sparkling water) – 수돗물(municipal water)

수돗물(municipal water) – 병입된 수돗물(bottled water) – 스틸 워터(stil water) – 스파클링 워터(sparkling water)

■ ①

13
워터 테이스팅 기준 중 미각적인 맛을 평가하는 것이 아닌 것은?
① 청량감　　　　　　　　　② 풍미
③ 구조감　　　　　　　　　④ 투명도

미각적인 맛의 하위 평가항목은 청량감, 신맛, 풍미, 구조감, 가벼움, 부드러움, 균형감, 지속감이 있다.

■ ④

14
다음 워터 테이스팅 용어 중 '먹는샘물에서 나뭇잎이 썩을 때 나타나는 나무냄새나 맛'을 의미하는 것은?
① Moldy　　　　　　　　　② Celery
③ Copper　　　　　　　　　④ Woody

Moldy는 먹는샘물에서 곰팡이나 지하실 냄새가 나는 것, Celery는 샐러리 맛이 나는 것으로 먹는샘물 속의 나트륨과 칼륨 성분 때문에 나타나는 현상을 말하며, Copper는 물이 구리 도금한 배수관을 통과할 경우 구리가 부식되어 약간 금속성 맛이 나는 경우를 의미하는 용어이다.

■ ④

15
다음 워터 테이스팅의 기준 중에서 '미각적인 맛'에 해당되지 않는 것은?
① 거품정도(Effervescence)　　　　② 청량감(Freshness)
③ 구조감(Structure)　　　　　　　④ 부드러움(Softness)

거품정도(Effervescence)는 투명도(Clarity)와 더불어 시각적인 외관을 관찰하는 기준으로, 먹는샘물을 따를 때 생기는 거품의 크기와 질을 관찰하는 과정이다.

■ ①

16
다음 중 칼슘과 마그네슘이 풍부한 경수를 의미하는 워터 테이스팅 용어는 무엇인가?
① Bicarbonate　　　　　　② Hard
③ Ferruginous　　　　　　④ Salty

Bicarbonate는 중탄산염이, Ferruginous는 철분이, Salty는 NaCl이 함유되었음을 의미한다.

■ ②

17 ★★

다음 중 먹는샘물의 '이취미'와 관련된 워터 테이스팅 용어가 아닌 것은 무엇인가?

① Skunk
② Artificial
③ Butyric
④ Poor

Poor는 먹는샘물 중에서도 너무 평범하여 흥미를 유발하지 않는 것을 말한다.

■ ④

18 ★★★

셰일(shale) 지층에 부존하는 지하수가 많이 함유하는 성분이 아닌 것은?

① 칼륨
② 칼슘
③ 알루미늄
④ 나트륨

사암이나 석회암의 퇴적암 중 셰일(shale) 지층에 부존하는 지하수는 알루미늄, 칼슘, 나트륨 성분이 많이 함유되어 있다.

■ ①

19 ★★

다음 워터 테이스팅 용어 중 미각과 관련된 것은?

① Brilliant
② Astringent
③ Butyric
④ Aromatized

Astringent는 수렴성이나 떫은맛으로 표현하는 건조한 느낌의 미각적 표현이다. Brilliant는 시각적으로 깨끗한 먹는샘물을, Butyric은 후각적 용어로 오염으로 인해 불쾌한 냄새가 나는 것을 의미하며, Aromatized는 향이 첨가된 경우를 의미하는 후각적 용어이다.

■ ②

20 ★★

다음 중 워터 테이스팅 용어의 풀이로 잘못된 것은 무엇인가?

① Silky : 실크처럼 부드러운 물맛
② Quinine water : 쓴맛이 나는 먹는샘물
③ Tinny : 모래나 점토 같이 물에서 용해되지 않는 물질
④ Neutral : pH 중성으로 뚜렷한 특징이 없어 차이점을 발견하기 어려운 경우

Tinny는 금속성 물탱크에 의해 야기되는 금속성 맛을 의미한다.

■ ③

★★
21

다음 중 광물질이 많이 함유되어 있어 떫거나 신맛이 나는 먹는샘물을 일컫는 말은 무엇인가?

① Rough
② Round
③ Refreshing
④ RO water

Round는 균형 잡힌 미네랄로 무결점의 느낌을 줄 때, Refreshing은 깨끗하고 상쾌하며 갈증을 해소시켜 원기 왕성한 기분이 들게 하는 먹는샘물을, RO water는 역삼투압방식으로 여과한 먹는샘물을 의미하는 워터 테이스팅 용어이다.

■ ①

★★
22

프랑스어로 '흘러내린다'라는 의미로, 먹는샘물의 맛이 힘차게 흐르는 개울에서 방금 퍼온 듯 신선하고 청량감 있다는 뜻의 용어는 무엇인가?

① Coulant
② Delicate
③ Flinty
④ Frizzante

Delicate는 품질이 좋은 고급 생수를 의미하며, Flinty는 부싯돌과 같은 맛으로 바위와 같은 암석과 물이 접촉하였을 때 나타나는 맛이다. Frizzante는 이탈리아어로 스파클링을 의미한다.

■ ①

★★
23

지층의 영향으로 먹는샘물 속에 철분이 함유되었다는 뜻의 용어는 무엇인가?

① Grassy
② Hard
③ Ferruginous
④ Cloudy

Grassy는 조류로 인해 나타나는 냄새를 의미하며, Hard는 칼슘과 마그네슘이 풍부한 경수를 의미하며, Cloudy는 물의 혼탁한 정도를 나타내는 것으로 깨끗하지 않은 상태를 말한다.

■ ③

★★ 24

다음 중 용어의 설명으로 틀린 것은?

① Big : 먹는샘물의 맛이 무겁고 굵은 느낌을 주는 것으로 먹는샘물의 느낌이 클 때 사용한다.
② Brilliant : 시각적으로 이물질 없이 깨끗하고 밝은 먹는샘물을 의미한다.
③ Chalybeat : 먹는샘물에서 강한 철분 맛이 느껴지는 것이다.
④ Finish : 청량한 맛을 의미한다.

Finish는 먹는샘물을 마신 뒤의 여운을 의미한다. 오래 지속될수록 좋은 먹는샘물이다.

■ ④

★★★ 25

워터 테이스팅 전문용어 중 'Breed'가 뜻하는 의미는?

① 품질 좋은 먹는샘물로 물의 기운이 넘치고 갈증해소 능력이 뛰어나다.
② 오염으로 인해 불쾌한 냄새가 나는 것이다.
③ 먹는샘물이 밋밋하며 둔한 느낌을 줄 때 표현하는 말이다.
④ 균형감이 잡혀 있어 좋은 먹는샘물에 적용된다.

Breed – 질 좋은 먹는샘물로 물의 기운이 넘치고 갈증해소 능력이 뛰어나다는 의미이다.

■ ①

★★★ 26

워터 테이스팅 전문용어와 뜻이 잘못 짝지어진 것은?

① Chamber : 먹는샘물을 실내 온도로 유지시켜 평가하는 것
② Coulant : '흘러내린다'는 프랑스어로 먹는샘물의 맛이 신선하고 청량감 있다는 뜻
③ Musty : 먹는샘물에서 곰팡이나 지하실 냄새가 나는 것
④ RO Water : 이온수지교환식으로 정수한 먹는샘물을 의미함

RO Water – 역삼투압식의 먹는샘물로 플라스틱 막을 통과한 물에서 이온을 분리시켜 거의 미네랄이 없는 상태로 만든 먹는샘물이다.

■ ④

27
먹는샘물의 맛에 영향을 미치는 미네랄 성분이 잘못 짝지어진 것은?
① 유리탄산 – 청량감
② 철분 – 신맛
③ 칼륨과다 – 짠맛
④ 규산과다 – 쓴맛

규산이 함유되어 있으면 물맛이 좋게 느껴지며, 마그네슘이 과다한 경우 쓴맛이 느껴진다.

■ ④

28
다음 중 활성중탄산염이 생긴 먹는샘물을 의미하는 용어는 무엇인가?
① Spitzy
② Soapy
③ Chalybeate
④ Chemical

Soapy는 탄산염이 빠져나간 듯한 맛으로 식욕을 돋우지 않는 물을, Chalybeate는 먹는샘물에서 강한 철분 맛을 느낄 때, 그리고 Chemical은 먹는샘물에서 화학적인 맛이 나는 것을 의미한다.

■ ①

29
먹는샘물 테이스팅 용어 중 부정적인 평가에 대한 용어가 아닌 것은?
① Skunk
② Soapy
③ Powerful
④ Flabby

Skunk는 먹는샘물 중 나타나는 악취로 특정 조류는 스컹크 냄새와 같은 이취미를 유발할 수 있다. Soapy는 탄산염이 빠져나간 듯한 맛으로 식욕을 돋우지 않는 물을 의미한다. Flabby는 먹는샘물을 마셨을 때 축 늘어지는 무거운 느낌을 의미한다. 이러한 생수는 생명력이나 신선함이 부족할 수도 있다. Powerful은 부정적인 테이스팅 용어가 아닌, 바디가 강하고 확실한 개성이 있는 먹는샘물을 의미하는 용어이다.

■ ③

단답형

★ 01
시각, 후각, 미각 중 워터 테이스팅의 핵심 감각은 (　　　)이다.

먹는샘물의 맛을 세심하게 체크하는 미각적인 요소가 워터 테이스팅의 핵심이다.

■ 미각

★ 02
먹는샘물의 맛을 결정짓는 요소 중 가장 중요한 요소는 무엇인가?

먹는샘물의 맛을 결정짓는 요소는 여러 가지가 있지만 그 중에서도 빼놓을 수 없는 부분이 미네랄 함량이다.

■ 미네랄 함량

★ 03
워터 소믈리에의 필수적 평가도구 중 워터 소믈리에가 개인별로 지각한 주관적인 워터 테이스팅 분석을 객관적으로 기술할 수 있도록 체계화시킨 것을 무엇이라 하는가?

워터 테이스팅 노트는 워터 소믈리에가 개인별로 지각한 주관적 분석을 객관적으로 기술할 수 있도록 체계화시킨 것으로 워터 소믈리에의 필수적인 평가도구이다.

■ 워터 테이스팅 노트

★ 04
먹는샘물을 다른 용기로 옮겨 담는 것을 의미하는 용어는 무엇인가?

■ Decant 또는 Decanting

★ 05
"아주 탁월한" 먹는샘물을 의미하는 테이스팅 용어는 무엇인가?

■ Finesse

★ 06
청량한 맛을 표현한 용어로 마치 산에서 흐르는 물을 막 퍼온 듯 생명력 있고 신선한 물맛을 나타내는 테이스팅 용어는 무엇인가?

■ Fresh

★ 07
이취미가 없는 깨끗한 상태를 의미하는 테이스팅 용어는 무엇인가?

■ Clean

★ 08
먹는샘물을 마시거나 뱉어낸 후 입안에 남아있는 맛과 여운을 의미하는 용어는 무엇인가?

■ Aftertaste

★★ 09
워터 글라스를 잡을 때는 볼(ball)이 아닌 (　　　)을 잡아야 한다.

■ 스템(stem)

★★ 10

마이클 마스카(Michael Mascha) 박사는 워터 테이스팅 용어 중 먹는샘물을 마실 때 느껴지는 상쾌함으로 입안에서 느끼는 차가운 효과 또는 약간 산성의 느낌이 있는 맛을 무엇이라 했는가?

Fresh – 먹는샘물을 마실 때 느껴지는 차가운 효과 또는 약간 산성의 느낌을 말한다.

■ Fresh

★★ 11

먹는샘물의 종류에 따라 마시고 평가한 다음 최고의 먹는샘물을 찾아내는 것을 무엇이라 하는가?

■ 워터 테이스팅

★★ 12

먹는샘물의 혼탁한 정도를 나타내는 것으로 먹는샘물이 깨끗하지 않다는 것을 의미하는 용어를 무엇이라 하는가?

■ Cloudy

★★ 13

워터 테이스팅에서 미각적인 맛을 평가하는 기준으로 염도로 인한 느낌과 맛을 의미하며 짠맛이 없을수록 좋은 먹는샘물을 의미하는 용어를 무엇이라 하는가?

■ 풍미 또는 Sapidity

★★
14
토양이나 산의 숲에서 기인된 맛을 의미하는 워터 테이스팅 용어는 무엇인가?

■ Earthy

★★
15
pH 중성으로 뚜렷한 특성이 없어 차이점을 발견하기 어려운 경우를 의미하는 워터 테이스팅 용어는 무엇인가?

■ Neutral

★★
16
먹는샘물 속의 나트륨과 칼륨 성분 때문에 나는 맛을 의미하는 용어는 무엇인가?

■ Celery

★★
17
입안의 구강촉감을 의미하는 테이스팅 용어는 무엇인가?

■ Mouth Feel

★★★
18
워터 테이스팅 전문용어 중 '수족관 물과 같은 이취미가 있는 물을 의미하며, 때로는 동물성 플랑크톤에 의해 야기되기도 한다'를 나타내는 용어는 무엇인가?

■ Guppy Water

★★★
19

( )는 '먹는샘물에서 나뭇잎이 썩을 때 나는 나무냄새나 맛'을 의미하는 워터 테이스팅 전문용어이다.

■ Woody

★★★
20

워터 테이스팅 전문용어인 'Decant'는 '먹는샘물을 다른 용기로 옮겨 담는 것'을 의미하며 일반적으로 ( )는 디캔팅을 하지 않는다.

■ 스파클링 워터

★★★
21

대기압 2.5이하 수준의 중탄산염을 함유한 가벼운 스파클링 먹는샘물을 뜻하는 워터 테이스팅 용어는 무엇인가?

■ Cracking

★★★
22

워터 테이스팅 용어 중 '물과 접촉해서 부패한 야채 등으로 야기되는 이취미'를 뜻하는 용어는 무엇인가?

■ Swampy

★★★
23

워터 테이스팅 용어 중 먹는샘물이 잘못 보관되었을 때 오래된 빵에서 나는 듯한 맛이나 곰팡이 냄새가 나는 것을 의미하는 용어는 무엇인가?

▪ Stale

★★★
24

온수기 안이나 온수 파이프에 탄산칼슘 등이 축적되어 생기는 물때를 말하는 용어는 무엇인가?

▪ Lime Scale

★★★
25

역삼투압방식의 물로 플라스틱 막을 통과한 물에서 이온을 분리시켜 거의 미네랄이 없는 상태로 만든 물을 의미하는 용어는 무엇인가?

▪ RO Water 혹은 역삼투압워터

★★★
26

신선하지 않고 밋밋하며 청량감이 부족한 먹는샘물의 맛을 일컫는 용어는 무엇인가

▪ Dull

★★★
27

취수지역의 습기 및 부패로 인해 곰팡이 냄새와 맛이 나는 먹는샘물을 일컫는 용어는 무엇인가?

▪ Moly

서술형

01
좋은 먹는샘물의 조건을 기술하시오.

첫째, 무엇보다 인체에 유해한 물질이 제거되어야 한다. 둘째, 인체에 유익한 미네랄이 적당히 들어 있으면서 균형을 이루어야 한다. 셋째, 산소와 이산화탄소 또한 충분히 용해되어 있어야 한다. 넷째, 경도가 높지 않아야 한다. 다섯째, 약알칼리성의 먹는 샘물이 좋다. 여섯째, 분자군집이 작은 구조를 가지고 있어야 한다. 일곱째, 활성탄소를 제거할 수 있는 먹는샘물이어야 한다. 마지막으로 음식과의 조화도 잘 이루어져야 한다.

02
워터 테이스팅을 위한 준비물을 5가지 이상 기술하시오.

시음할 먹는샘물, 흰색 테이블 크로스, 테이블, 의자, 타구통, 워터글라스, 먹는샘물 가리개, 시음노트, 필기도구, 먹는샘물 번호표, 테이스팅용 온도계, 워터 크래커 등

03
워터 테이스팅의 이상적인 환경에 대하여 기술하시오.

워터 소믈리에의 이상적인 테이스팅 환경은 공복을 느끼는 오전 11시경이나 오후 5시 30분경이 좋으며, 조명은 자연광이 좋으나 자연광이 없는 경우는 백열등을 사용해도 된다. 테이스팅 장소로는 음식이나 담배연기 같은 냄새가 전혀 나지 않는 조용한 테이스팅 룸을 선정하는 것이 좋다. 시음할 먹는샘물의 온도는 10~13도가 적당하다.

04
와인과 먹는샘물을 테이스팅할 때 가장 중요하게 생각하는 요소는 각각 무엇인지 설명하시오.

와인은 후각의 요소를 중요시 여기는 반면에 먹는샘물은 미각의 요소를 매우 중요하게 생각한다.

05

워터 테이스팅에 참가하는 워터 소믈리에들이 먹는샘물을 테이스팅하기 전에 갖추어야 할 규칙을 기술하시오.

1. 식사 전 공복에 하는 것이 좋다
2. 양치 후 최소 30분이 경과하여 입 안에 다른 냄새가 남아있지 않도록 해야 한다.
3. 과음이나 과도한 운동을 피하여 피로감이 없도록 한다.
4. 최상의 몸 상태를 유지해야 한다.
5. 워터 테이스팅에 집중할 수 있는 조용한 공간을 확보한다.
6. 담배는 절대 피우지 않도록 한다.

06

마이클 마스카(Michael Mascha) 박사가 제시한 워터 소믈리에들을 위한 워터 테이스팅 용어 6가지를 기술하시오.

- Bold/Expressive : 미네랄이나 미네랄의 조합으로 먹는샘물 자체에서 느껴지는 맛이다. 쉽게 식별할 수 있는 독특하고 고유한 맛으로 더 복잡한 구조를 느끼게 하며 일반적으로 맛이 강하다.
- Fresh : 먹는샘물을 마실 때 느껴지는 상쾌함으로 입안에서 느끼는 차가운 효과 또는 약간 산성의 느낌이 있는 맛이다.
- Round/Soft : 섬세한 맛으로 먹는샘물을 마셨을 때 목 넘김이 부드러운 것을 말한다. 자연과의 조화가 있고 가벼우면서 둥글고 부드러운 맛이다.
- Structured : 먹는샘물의 전체적인 느낌이나 질감을 말하며, 보통 용천수 또는 미네랄 워터는 일반 물에 비해 구조감이 더 있다. 예를 들어 입속에서 느껴지는 무게감을 말한다.
- Sweet : 달콤한 맛이 물이 혀의 밑쪽으로 넘어갈 때, 혹은 삼킨 직후에 느껴지는 것으로 보통 먹는샘물의 질감은 부드럽다.
- Well-balanced : 서로 다른 감각과 맛, 미네랄이나 신맛, 쓴맛, 짠맛, 단맛, 거품 등이 적정한 비율로 조화를 이루는 맛을 말한다.

07

아래의 워터 테이스팅 전문용어의 의미를 각각 기술하시오.

| Aftertaste | Artificial | Butyric | Celery | Dry |

- Aftertaste : 먹는샘물을 마시거나 뱉어낸 후 입안에 남아있는 맛과 여운
- Artificial : 먹는샘물에 불쾌한 냄새를 유발하는 이취미가 있을 때 사용하는 말
- Butyric : 오염으로 인해 불쾌한 냄새가 나는 것
- Celery : 샐러리 맛이 나는 것으로 먹는샘물 속의 나트륨과 칼륨 성분 때문에 나타나는 현상
- Dry : 단맛이 없는 스틸 워터를 의미함. 먹는샘물 속에 칼륨이 있고 낮은 무기물화 기능이 있을 때 단맛이 남

국가별 명품 먹는샘물

10

OX형

★★★
01
브라질의 산도발리나(Sandovalina)에서 취수되는 비아 내추럴(Via Natural)은 미네랄이 풍부하게 함유되어있으며, 워터품평회 수상 경력도 있다.

비아 내추럴(Via Natural)은 미네랄 성분이 아주 적게 함유되어 있으며 순수하고 깨끗하며, 부드러운 맛이 일품이다.

■ X

★★
02
프랑스의 샤테르돈(Chateldon) 레이블에는 루이14세를 상징하는 태양이 그려져 있다.

■ ○

★
03
프랑스의 프리미엄 먹는샘물인 바두아(Badoit)는 미네랄 함량이 풍부하고 톡톡 튀는 탄산이 일품이며 시원하고 청량감을 주는 라이트 워터 탄산수이다.

바두아(Badoit)는 에퍼베슨트 워터로 매우 미세한 거품이 발생하기 때문에 일반적인 미네랄 탄산수를 선호하지 않는 사람들에게 추천해도 무리가 없다.

■ X

★★
04
로스바허(Rosbach)는 F1그랑프리 최다 챔피언십을 가지고 있는 미하엘 슈마허(Michael Schmacher)가 홍보대사를 하면서 유명해졌으며, 운동전후에 마시기 좋은 먹는샘물이다.

■ ○

★★ 05
아이슬란드의 먹는샘물은 보드카, 위스키를 마실 때 함께하면 좋다.
■○

★★ 06
아이스랜딕 글래시얼(Icelandic Glacial)은 수원지가 월푸스(Ölfus)로 캐나다에서 생산되는 빙하수이다.

아이스랜딕 글래시얼(Icelandic Glacial)은 아이슬란드에서 생산되는 고순도의 천연광천수로, 미네랄 밸런스가 매우 뛰어난 먹는샘물이다.
■X

★ 07
아쿠아 판나(Aqua Panna)는 국제소믈리에협회(ASI)의 공식 먹는샘물로 물속에 함유된 미네랄의 균형이 뛰어나 음식의 맛과 와인의 향을 돋워주는 데 탁월한 효과를 발휘한다.
■○

★★★ 08
아이슬란드 스프링(Iceland Spring)은 레이캬비크(Reikjavik) 외곽 산속에 내리는 비와 눈이 녹아 만들어진 샘에서 취수한 먹는샘물이다.
■○

★★★
09

오존(Eauzone) 먹는샘물은 아이슬란드의 글랜카 계곡(Glencar Valley)에서 생산되는 먹는샘물로 라라와 루나(Lara and Luna)라는 캐릭터를 개발하여 어린이 전용 컬렉션에 사용하고 있다.

오존 먹는샘물은 아일랜드의 글랜카 계곡(Glencar Valley)에서 생산되는 먹는샘물로 어린이들에게 탄산과 당분이 과다한 음료의 유해성을 알리고 먹는샘물의 중요성을 교육하기 위하여 라라와 루나(Lara and Luna)라는 캐릭터를 개발하여 어린이 전용 컬렉션에 사용하고 있다.

■ X

★★★
10

티퍼레리(Tipperary)는 아일랜드의 청정지역인 데블스 비트 산(Devil's Bit Mountains)에 수원지가 있으며, 대수층에서 50년간 잠들어 있다가 용천한 먹는샘물로써 유럽 전역에서 경쟁력 있는 브랜드이다.

■ ○

★★★
11

와트윌러(Wattwiller) 먹는샘물의 수원지는 두 곳으로, 리티니(Lithinee) 온천의 물은 스틸워터 먹는샘물이고, 쥬방스(Jouvence) 온천의 물은 천연탄산수이다.

■ ○

★★★
12

베르니나(Bernina)는 스위스와 국경 사이에 있는 라이티아 알프스(Raetia Alps) 산 중에서도 베르니나 알프스(Bernina Alps) 산에서 내려오는 빙하수이다.

■ ○

★★★
13
다찌오(Daggio)는 알프스산에서 취수한 물로 유럽의 프리미엄 먹는샘물로 각광받고 있으며 레오나르도 다빈치처럼 유명한 예술가들이 애용했을 만큼 르네상스시대부터 유명한 먹는샘물 중 하나이다.

★★★
14
남아프리카 공화국의 로바드(L'aubade) 먹는샘물은 몽 로쉘(Monk Rochelle) 자연보호 구역에 수원지를 두고 있으며 스틸 워터, 에퍼베슨트 워터를 생산한다.

★★★
15
스페인의 먹는샘물 소비자의 95%는 스틸 워터를 선호하며, 현재 유통되고 있는 먹는샘물은 약 170여 종이다.

■○

★★★
16
스페인의 대표적 먹는샘물로는 폰트 셀바(Font Selva), 말라벨라(Malavella), 몬다리즈(Mondariz), 마름버그(Malmberg)가 있다.
마름버그(Malmberg)는 스웨덴의 먹는샘물이다.

■ X

★★
17
스페인의 비쉬 카탈란(Vichy Catalan)은 스페인에서 가장 유명한 프리미엄 먹는샘물이며, TDS가 2900mg/L로 천연탄산수이다.

★★★
18
스웨덴의 마름버그(Malmberg) 먹는샘물은 발견자인 페레 마름버그(Perre Malmberg)의 이름을 먹는샘물 브랜드로 사용하였다.

■ ○

★★★
19
람로사(Ramlosa) 먹는샘물은 스웨덴 먹는샘물 시장의 50% 이상을 점유하고 있다.

스웨덴의 람로사(Ramlosa)는 스웨덴 먹는샘물 시장의 90% 이상을 차지하고 있다.

■ X

★★★
20
글렌이글스(Gleneagles)는 병의 디자인이 정갈하고 품위 있는 고급스러운 이미지로 영국의 고급호텔과 레스토랑에서 인기를 끌고 있다.

★★★
21
헤로게이트 스파(Harrogate Spa)는 영국 엘리자베스 여왕의 주치의인 티모시 브라리트 박사가 '건강을 증진시키는 자연의 물'이라는 뜻을 담아 개발하였다.

■ ○

★★
22
힐돈(Hildon) 먹는샘물 병의 스틸 워터 버전은 '유쾌한 스틸 워터', 에퍼베슨트 워터 버전은 '순한 탄산수'라고 기재되어 있다.

선택형

★★ 01

아르헨티나의 먹는샘물이 아닌 것은?
① 고타(Gota)
② 라쿤(Lauquen)
③ 클라우드 주스(Cloud juice)
④ 파타고니아(Patagonia)

클라우드 주스(Cloud juice)는 세계에서 강수량이 가장 많은 지역인 호주의 태즈메니아 지역의 빗물로 취수한 먹는샘물이다.

■ ③

★★★ 02

프랑스의 프리미엄 먹는샘물인 셀틱(Celtic)과 연관이 없는 것은?
① 유네스코 세계자연유산으로 지정된 보주 뒤 노르(Vosges du Nord)에서 취수하였다.
② 깨끗한 용천수를 건강한 물로 생각한 켈트족은 고결한 여신인 리제(Liese)와 동일시하였다.
③ 베르사이유의 태양왕 루이 14세에게 진상되던 식수이다.
④ '보주산맥의 돌'이라고 알려진 특유의 암석이 필터역할을 하면서 천천히 여과된다.

샤테르돈(Chateldon) 먹는샘물은 베르사이유 궁전의 태양왕 루이 14세가 즐겨마신 먹는샘물이다.

■ ③

★★ 03

오스트리아의 프리미엄급 먹는샘물인 '와일드알프(Wildalp)'의 설명으로 틀린 것은?
① 음력으로 만월에 병입한 프리미엄급 먹는샘물로 동양의 신비주의를 마케팅에 도입하였다.
② 로마의 황제 마스쿠스 아우렐리우스가 상처를 치유했다는 전설을 지니고 있다.
③ 오스트리아 식품위원회에서 공식적으로 인정받은 유아음식전용 먹는샘물로 유명하다.
④ 다량의 천연산소가 함유되어있고 높은 용해도를 갖고 있으며, 나트륨은 거의 함유되어 있지 않다.

②번은 로마쿠에레(Römerquelle) 먹는샘물에 대한 설명으로 이 물에는 다량의 천연산소가 함유되어 있으며 나트륨은 거의 없다.

■ ②

04 ★★

호주의 프리미엄 먹는샘물인 '알카라이프(Alkalife)'에 대한 설명으로 올바르지 않은 것은?
① 자연알칼리수 pH 8.17~8.26으로 희귀 먹는샘물로 인정받고 있다.
② 1940년 농부 리차드 악크(Richard Oack)가 상품화하였다.
③ 세계자연유산으로 지정된 블루마운틴의 천연 석회동굴에서 숙성되었다.
④ 콜라겐을 형성하는 실리카가 많이 함유되어 있어 '마시는 화장품'으로 유명세를 타고 있다.

1940년 농부 리차드 악크(Richard Oack)가 우연히 발견했고, 1996년에 먹는샘물을 개발하기 시작하였다.

■ ②

05 ★★★

다음 중 같은 국가에서 생산되는 먹는샘물이 아닌 것은 무엇인가?
① 파타고니아(Patagonia)
② 비아 내추럴(Via Natural)
③ 라쿤(Lauquen)
④ 고타(Gota)

①, ③, ④는 아르헨티나의 먹는샘물이며, ②의 생산국은 브라질이다.

■ ②

06 ★★

다음 먹는샘물 중 수원지의 형태가 다른 하나는 무엇인가?
① 휘슬러(Whistler)
② 아이스 에이지(Ice Age)
③ 아이스버그(Iceberg)
④ 버그(Berg)

모두 캐나다의 먹는샘물로서 ②, ③, ④는 원수가 빙하수이며, ①의 원수는 우물물이다.

■ ①

★★
07

다음 먹는샘물 중 수원지가 다른 것은 무엇인가?

① 다이아몬드(Diamond)
② 클라우드 주스(Cloud juice)
③ 카페 그림(Cape Grim)
④ 알카라이프(Alkalife)

①, ②, ③의 수원지는 태즈메니아(Tasmania)이며, ④의 수원지는 블루마운틴 알카라이프이다.

■ ④

★★★
08

다음 먹는샘물 중 성격이 다른 하나는 무엇인가?

① 비아 내추럴(Via natural)
② 스파(Spa)
③ 팔라고니아(Pelagonia)
④ 로마쿠에레(Romerquelle)

①, ②, ④는 산성이며, ③는 약알칼리성이다.

■ ③

★★★
09

뵈스라우어(Voslauer)에 대한 설명으로 틀린 것은?

① 원수는 자분정이다.
② 1936년부터 판매되기 시작해서 현재는 스틸 워터와 스파클링 워터가 생산되고 있다.
③ pH 5.6으로 산성이다.
④ 생산지역인 바드 뵈스라우의 바드는 영어로 "Bath"이며 목욕을 뜻한다.

pH 7.6으로 약알칼리성이다.

■ ③

★★★
10

불가리아에서 생산되는 먹는샘물로 유럽의 다른 먹는샘물과 다르게 석회질이 적고 미네랄이 많이 포함되어 있으며 pH 9.4의 부드러운 강알칼리성이고, 셀렌이라는 미네랄을 함유하고 있어 독특한 개성을 가진 먹는샘물은 무엇인가?

① 크리스탈린(Cristaline)
② 보르조미(Borjomi)
③ 라우레타나(Lauretana)
④ 팔라고니아(Pelagonia)

■ ④

★★★
11

다음 중 같은 국가에서 생산되는 먹는샘물이 아닌 것은 무엇인가?

① 세인트-저스틴(Saint-Justin)
② 아이스에이지(Ice Age)
③ 1리터(1Liter)
④ 아쿠아 퍼시픽(Aqua pacific)

①, ②, ③은 캐나다의 먹는샘물이며, ④의 생산국은 피지이다.

■ ④

★★
12

다음 먹는샘물 중에서 TDS가 가장 높은 먹는샘물의 브랜드는 무엇인가?

① 이드록시다즈(Hydroxydase)
② 페리에(Perrier)
③ 에비앙(Evian)
④ 비텔(Vittel)

이드록시다즈(Hydroxydase)는 TDS가 9,050mg/L 이상으로 Very High에 해당하는 고밀도 미네랄 워터이다. 페리에(Perrier), 에비앙(Evian), 비텔(Vittel)은 모두 중간(Medium) 수준의 미네랄을 함유하고 있다.

■ ①

★ 13
아기에게 좋은 생수가 아닌 것은?
① 솔레(Sole)
② 스파(Spa)
③ 이드록시다즈(Hydroxydase)
④ 와일드알프 베이비 워터(Wildalp Baby Water)

이드록시다즈(Hydroxydase)는 다른 생수에 비해 고밀도의 미네랄과 무기질 함량을 가지고 있어 흡수가 어렵기 때문에 아직 장기능이 약한 아기들에게는 물분자가 작고 흡수가 잘되는 종류의 물이 좋다.

■ ③

★★★ 14
다음 중 프랑스 남동쪽 지중해의 코르시카 섬에서 생산되는 먹는샘물은 무엇인가?
① 생-제롱(Saint-Geron)
② 생 조르주(St. Georges)
③ 와트윌러(Wattwiller)
④ 비텔(Vittel)

생-제롱(Saint-Geron)의 생산지역은 오베르뉴(Auvergne), 생 조르주(St. Georges)의 생산지역은 코르시카(Corsica), 와트윌러(Wattwiller)의 생산지역은 알자스(Alsace), 비텔의 생산지역은 보주(Vosges)산맥이다.

■ ②

★★★ 15
다음 중 아래의 키워드와 관련된 먹는샘물은 무엇인가?

> Satarissa / 독일 / Artesian / 탄산광천수 / 미세한 짠맛 / 2009년 유럽소비자만족도 1위

① 와트윌러(Wattwiller)　　② 비텔(Vittel)
③ 셀쳐(Selters)　　④ 로스바허(Rosbacher)

셀쳐(Selters)는 독일의 대표적인 프리미엄 먹는샘물이며 자분정을 원수로 한 탄산광천수이다. 나트륨 함량이 비교적 높아 미세한 짠맛을 지니며 2009년 유럽에서 실시한 소비자만족도에서 1위를 차지한 먹는샘물이다.

■ ③

16 ⭐⭐

다음 볼빅(Volvic)에 대한 설명 중 틀린 것은?
① 볼빅(Volvic)은 '회색 화산암'을 의미한다.
② 볼빅은 에비앙과 양대 산맥을 이루는 프랑스의 먹는샘물로 널리 알려져 있다.
③ 수원지는 오베르뉴(Auvergne) 지방의 산 중턱에 위치한 볼빅 지역이다.
④ 미네랄 함유량은 Medium이다.

볼빅(Volvic)의 TDS는 130mg/L로 Low에 해당된다.

▪ ④

17 ⭐⭐

다음 중 아폴리나리스(Apollinaris)에 대한 설명 중 틀린 것은?
① 천연탄산수로 150년 전통을 이어오고 있다.
② 청정지역 아이펠(Eifel)산이 수원지이다.
③ 1897년 미국메디컬협회는 '먹는샘물의 여왕'이라는 이름을 붙여주었다.
④ 1892년 영국으로부터 최상의 품질을 인정받아 '레드 트라이앵글 로고'를 부여받았다.

1897년 영국메디컬협회는 '생수의 여왕(먹는샘물의 여왕)'이라는 이름을 붙여 주었으며, 1892년 미국메디컬협회는 '우아하지는 않지만 건강에 필요한 먹는샘물'라고 하였다.

▪ ③

18 ⭐

다음 중 2017년 (사)한국국제소믈리에협회가 주관했던 먹는샘물 품평회에서 1위를 차지한 해외 스파클링 워터는 무엇인가?
① 젤터스
② 게롤슈타이너
③ 아폴리나리스
④ 로스바허

2017년 (사)한국국제소믈리에협회가 주관했던 먹는샘물 품평회에서는 독일의 게롤슈타이너가 해외 스파클링 워터 부문에서 1위를 차지하였다.

▪ ②

★★★
19

쥬방스(Jouvence)에서 취수한 와트윌러(Wattwiller) 천연탄산수의 탄산염화 함유량은 어디에 해당하는가?

① Still
② Effervescent
③ Classic
④ Bold

와트윌러(Wattwiller)의 수원지는 두 곳으로, 리티니(Lithinee) 온천의 물은 스틸 워터이고, 쥬방스(Jouvence) 온천의 물은 에퍼베슨트에 해당하는 천연탄산수이다.

■ ②

★★
20

독일의 천연탄산수 아폴리나리스(Apollinaris)의 수원지는?

① 아이펠(Eifel)
② 론버그(Lohnberg)
③ 타우누스(Taunus)
④ 노르데나우(Nordenau)

■ ①

★★
21

이탈리아 퓨기(Fiuggi)의 먹는샘물 경도는?

① Soft(연수)
② Slightly Hard(약경수)
③ Moderately Hard(중경수)
④) Very Hard(강경수)

■ ②

★★★ 22

카이저 와서(Kaiser Wasser)에 대한 설명 중 옳은 것은?

① 독일에서 생산되는 탄산수이다.
② 수원지는 원래 오스트리아 영토였다가 이탈리아에 편입된 지역으로 독일계 이주민이 많아 브랜드 이름에 그 영향이 남아있다.
③ 고대 그리스시대나 그 이전에 발견된 것으로 추정된다.
④ 권력의 상징인 사자 문양이 품격을 더해주며 병의 모양에서 중세시대를 떠오르게 한다.

카이저 와서(Kaiser Wasser)는 이탈리아에서 생산되는 탄산수로, 고대 일리리아(Illyria)의 도자기가 수원지 근처에서 발견되어 로마시대나 그 이전에 발견된 것으로 추정되며, 권력의 상징인 쌍두 독수리 문양이 품격을 더해주고 유럽 전역에 잘 알려진 먹는샘물이다. 원래는 오스트리아 영토였다가 이탈리아에 편입된 지역으로 독일계 이주민이 많고 아직도 그 영향이 남아있다.

■ ②

★★★ 23

다음 먹는샘물 중 천연탄산수는 무엇인가?

① 산파우스티노(Sanfaustino)
② 산베네데토(San Benedetto)
③ 루리시아, 산타 바바라(Lurisia, Santa Barbara)
④ 고챠 디 카니아(Gorccia di Carnia)

산파우스티노(Sanfaustino)는 천연탄산수이고, 산베네데토(San Benedetto), 루리시아, 산타 바바라(Lurisia, Santa Barbara), 고챠 디 카니아(Gorccia di Carnia)는 모두 인공 탄산가스가 함유된 탄산수이다.

■ ①

★ 24

다음 중 생산국가가 다른 먹는샘물은?

① 링스(Lyns)
② 셀쳐(Selters)
③ 아쿠아판나(Aqua panna)
④ 산펠레그리노(San pellegrino)

링스(Lyns), 아쿠아판나(Aqua panna), 산펠레그리노(San pellegrino)는 이탈리아의 먹는샘물이며, 셀쳐(Selters)는 독일의 탄산수이다.

■ ②

★★ 25

이탈리아에서 생산되는 먹는샘물 솔레(Sole)는 이탈리어로 어떠한 의미를 지니고 있는가?
① 샘
② 태양
③ 치유
④ 하늘의 신

솔레(Sole)는 이태리어로 '태양'이라는 뜻으로 수원지에는 태양신을 상징하는 조각상이 세워져 있다.

■ ②

★★ 26

대한민국 오(EAU) 먹는샘물병 디자이너가 디자인한 일본의 프리미엄 먹는샘물은?
① 보스(Voss)
② 페네(Fene)
③ 블링H2O(Bling H2O)
④ 보다보다(Vodavoda)

■ ②

★★★ 27

일본의 먹는샘물로 알칼리성이 매우 높아 부드러우며, 특유의 침투력으로 식재료의 감칠맛을 높이며 녹차를 우릴 때 사용하면 차 맛이 배가되고, 밥 짓는 물로 사용하면 밥맛이 찰지고 부드러워지는 특징이 있는 먹는샘물은?
① 페네(Fene)
② 후지워터
③ 온천수99
④ 히타천령수

천연 알칼리 온천수로 유명한 온천수99는 피부 침투력과 습윤효과, 유화작용이 강하며 차를 우리거나 밥을 지었을 때 부드러워지는 특징이 있다.

■ ③

★★ 28

국내 먹는샘물 A수(Eisu)의 효능으로 맞지 않은 것은?

① 안질개선
② 원기회복
③ 숙취해소
④ 활성산소 제거

A수는 알칼리성 물로 육각수 구조가 작아 몸에 빠르게 흡수되고 인체의 노화주범인 활성산소를 없애주며 만성설사, 소화불량, 원기회복, 숙취해소, 활성산소 제거 능력이 탁월하다

■ ①

★ 29

조선왕조실록에 의하면 훈민정음 창제에 골몰하던 세종대왕이 안질에 걸렸는데 이 물로 고쳤다고 전해지는 먹는샘물은?

① 평창수
② 삼다수
③ 미네워터
④ 초정탄산수

초정탄산수는 안질개선, 변비해소에 좋은 먹는샘물로 세종대왕의 안질을 고쳤다고 전해진다.

■ ④

★★★ 30

이스브레(Isbre)의 효능으로 맞는 것은?

① 소화촉진
② 다이어트
③ 해독작용
④ 통풍 및 위장장애 해소

이즈브레(Isbre)는 미국에서 치료 목적의 먹는샘물로 유명하며, 어린아이, 산모, 오염에 시달리는 사람들의 해독작용에 탁월한 효과가 있다고 한다.

■ ③

31 ★★★

루마니아에서 생산되는 먹는샘물 보르섹(Borsec)에 어울리는 음식이 아닌 것은?
① 야채 샐러드
② 경질 치즈
③ 이태리 음식
④ 송아지 요리

보르섹(Borsec)은 중경수의 물로 경질 치즈, 이태리 음식, 송아지 요리, 야채스튜와 잘 어울린다.

■ ①

32 ★★★

멕시코의 트라코테 샘물(pH8.2), 독일의 노르데나우 샘물(pH8.1), 프랑스의 루르드 샘물(pH7.9)처럼 천연 약알칼리성을 띠는 경기도 양평에서 생산하고 있는 먹는샘물은?
① 삼다수
② 평창수
③ 水 8.5
④ 아이시스 8.0

水 8.5는 우리나라 최고 수준의 천연 약알칼리수로 pH8.50이다.

■ ③

33 ★

이탈리아 먹는샘물 산펠레그리노(San pellegrino)의 효능과 거리가 먼 것은?
① 이뇨작용
② 숙취해소
③ 기분전환
④ 유아분유용

이탈리아의 대표적인 먹는샘물이자 국제소믈리에협회(ASI)의 공식 먹는샘물인 산펠레그리노(San pellegrino)는 이뇨작용, 숙취해소, 기분전환에 효과가 좋다.

■ ④

34 ★★
다음 이탈리아에서 생산되는 먹는샘물 중 수원지의 형태가 다른 하나는?

① 솔레(Sole)
② 수르지바(Surgiva)
③ 산파우스티노(Sanfaustino)
④ 산펠레그리노(San Pellgrino)

솔레(Sole), 산파우스티노(Sanfaustino), 산펠레그리노(San Pellgrino)는 용천수이며, 수르지바(Surgiva)는 빙하수이다.

■ ②

35 ★★
다음 중 영국에서 생산되는 먹는샘물이 아닌 것은?

① 해로게이트 스파(Harrogate spa)
② 하이랜드 스프링(Highland spring)
③ 힐돈(Hildon)
④ 비쉬 카탈란(Vichy catalan)

비쉬 카탈란(Vichy catalan)은 스페인의 먹는샘물이다.

■ ④

36 ★★
다음 중 티난트(Ty nant) 먹는샘물에 대한 설명으로 옳지 않은 것은?

① 수원지 : 웨일즈 베사니아(Wales Bethania)
② 로스 러브그로브(Ross Lovegrove)가 병을 디자인 함
③ 인공함유 탄산수
④ TDS가 1000mg/L이상 함유

TDS가 165mg/L로 적은 편이다.

■ ④

37 ★★

다음 중 해양심층수로 만든 먹는샘물은 ?

① 코나 딥(Kona deep)
② 르 블루(Le bleu)
③ 오리건 레인(Oregon rain)
④ 블링 H2O(Bling H2O)

르 블루(Le bleu)는 가공수, 오리건 레인(Oregon rain)은 천상수/빗물, 블링H2O(BlingH2O)는 용천수이다.

■ ①

38 ★★

미국에서 생산되는 먹는샘물인 오리건 레인(Oregon rain)에 대한 설명으로 틀린 것은?

① 천상수(빗물)이다.
② 댄 맥기(Dan Mc Gee)가 병에 빗물을 담아 주변사람들에게 제공하며 시작되었다.
③ '순결한 물(Virgin water)'이라고도 부른다.
④ TDS가 약 100mg/L이다.

TDS가 11mg/L로 매우 낮다.

■ ④

39 ★★★

마운틴 밸리 스프링(Mountain Valley Spring) 먹는샘물에 대한 설명으로 틀린 것은?

① 1871년 약사 피터 E. 그린(Peter E. Greene)과 형제들이 개발
② 1956년 미국 식약청으로부터 건강에 좋은 온천수로 지정받음
③ 2003년 미국 버클리 스프링 국제 먹는샘물 품평회에서 비탄산 부문 금상 수상
④ 2011년 미국 버클리 스프링 국제 먹는샘물 품평회에서 탄산수 부문 금상 수상

2011년 미국 버클리 스프링 국제 먹는샘물 품평회에서 탄산수 부문에서는 은상을 수상하였다.

■ ④

★★★
40

마할로(Mahalo) 먹는샘물에 대한 설명으로 틀린 것은?

① 하와이 코나에서 생산된다.
② 2005년에 미국에서 두번째로 해양심층수 FDA 승인을 받았다.
③ '황금의 물'이라고도 불린다.
④ 아토피 피부염에 탁월한 효과가 있다.

마할로(Mahalo)는 미국에서 첫 번째로 해양심층수 분야에서 FDA 승인을 받았다.

■ ②

★★
41

먹는샘물의 원수원이 바르게 짝지어진 것은?

① 헤로게이트 스파(Harrogate spa) – 용천수
② 힐돈(Hildon) – 정수/우물물
③ 티난트(Ty nant) – 빙하수
④ 하와이안 스프링스(Hawaiian springs) – 자분정

헤로게이트 스파(Harrogate spa)는 자분정, 티난트(Ty nant)는 용천수, 하와이안 스프링스(Hawaiian springs)는 빙하수이다.

■ ②

★★
42

스페인의 먹는샘물에 대한 설명으로 틀린 것은?

① 소비자들의 1인당 먹는샘물 섭취량이 세계에서 2번째로 높다.
② 파에야 발렌시아나(Paella Valenciana), 하몽 이베리코(Jamon Iberico) 등과 잘 어울린다.
③ 약 170종류의 먹는샘물이 유통되고 있다.
④ 인기있는 먹는샘물 브랜드는 폰트 셀바(Font Selva), 말라벨라(Malavella), 몬다리즈(Mondariz), 비쉬 카탈란(Vichy Catalan)이다.

스페인 소비자들의 1인당 먹는샘물 섭취량은 세계에서 4번째로 높다.

■ ①

43 ★★

미국의 먹는샘물에 대한 설명으로 틀린 것은?

① 1767년 잭슨온천의 병치유의 기적이 소비자들에게 좋은 반응을 일으켜 미국의 먹는샘물 수요를 가져왔다.
② 먹는샘물 판매량은 약 40%를 차지한다.
③ 1977년 프랑스산 에비앙(Evian)이 미국에 상륙하면서 먹는샘물 트렌드를 바꾸기 시작했다.
④ 인기있는 브랜드로 코나 딥(Kona deep), 마할로(Mahalo), 오리건 레인(Oregon rain) 등이 있다.

1977년 프랑스의 페리에(Perrier) 먹는샘물이 미국에 상륙하면서 먹는샘물의 트렌드를 바꾸기 시작했다.

■ ③

단답형

01 ★

프랑스의 대표적인 프리미엄 먹는샘물로 최초 발견한 사람의 이름을 붙여 1938년 생산되었으며 미세한 기포로 초보자들도 마시기 좋은 탄산수로 '미식가들의 미네랄 워터'라고 불리는 먹는샘물은 무엇인가?

■ 바두아(Badoit)

02 ★★★

로마의 황제 마르쿠스 아우렐리우스가 상처를 치유했다는 전설을 지니고 있으며, 5,300년간 형성된 온천지역이라 수면으로 올라올 때의 물의 온도가 17℃이다. 또한 자연정화 능력을 갖고 있으며 '로마의 샘'이라는 뜻을 가진 오스트리아의 프리미엄 먹는샘물은 무엇인가?

■ 로마쿠에레(Römerquelle)

★★ 03

오스트리아의 천연 미네랄 워터이면서 순도와 미네랄의 균형이 탁월한 조화를 이루고 있는 뵈스라우어(Voslauer) 먹는샘물의 수원지인 '바드 뵈수라우(Vad Vöslau)'의 '바드'는 영어로 ( ) 을/를 뜻한다.

■ Bath, 목욕

★★ 04

벨기에 스파(Spa)에서 출시되는 스파클링 워터 먹는샘물의 이름은 무엇인가?

■ 스파 마리 앙리에트(Spa Marie – Henriette)

★ 05

캐나다 G20 정상회의의 공식생수로 지정되어 있는 먹는샘물은?

■ 버그(Berg)

★ 06

다음 설명에 해당하는 먹는샘물은 무엇인가?

> 450년 전, 비티레부섬의 고원지대와 열대 숲에 내린 빗물이 대수층에 흡수되고 화산암에 의해 자연 정화되었다. 1997년에 미국에서 처음으로 판매되었고, 열대 꽃을 그려 넣은 독특한 사각형 디자인의 병에 담겨있다. 2010년 국제식음료평가기관(iTQi)에서 주최한 국제식음료품평대회에서 평점 90점을 획득하였고, 오바마 대통령이 즐겨 마시는 먹는샘물로 유명하다.

■ 피지(Fiji)

07
다음 설명에 해당하는 먹는샘물은 무엇인가?

> 핀란드의 대표적인 먹는샘물로 신화 속에 나오는 바다의 여신, 혹은 바다 신의 아내의 이름에서 유래되었다. 손에 뻐꾸기를 들고 있는 인어의 로고가 그려져 있으며, 자연 그대로의 순수함을 의미한다. 1990년 초 발견되어, 알라 라벨리 호수 기슭에 자리한 비키나이엔(Viikinöien) 마을의 자분정에서 취수되며 천연 미네랄 워터로 인기를 끌고 있다.

■ 벨라모(Vellamo)

08
다음 설명에 해당하는 먹는샘물 생산 국가는 어디인가?

> 유럽 최대의 먹는샘물 생산 국가이며, 농업과 삼림이 발달되었다. 미네랄워터를 치료용으로 이용하던 전통은 온천시설이 세워진 로마시대까지 거슬러 올라간다. 바두아(Badoit), 페리에(Perrier), 비텔(Vittel) 같은 수원지의 브랜드들은 프리미엄 먹는샘물로 세계적인 평판을 누리고 있다. 현재 시중에 유통되고 있는 먹는샘물은 약 200종류가 있다.

■ 프랑스

09
캐나다 정부의 엄격한 보호 및 검증을 받고 있으며, 1만 2천년 전에 생성된 얼음을 채취한 100% 천연 북극 빙하수로서 반투명 흰색 유리병에 담겨있어 선물로도 인기가 많은 먹는샘물은 무엇인가?

■ 아이스버그(Iceberg)

10
중국 산동성에 취수원이 있으며, 독일의 사업가와 중국인이 합작하여 상업화를 시작하여 1999년 중국 인민공화국 창립 50주년의 공식 먹는샘물로 인정받은 것은?

■ 라오산(Laoshan)

★★
11
물을 마시고난 후에 병속에 미네랄이 녹아 붙어 있는 모습을 볼 수 있으며, 유리병 레이블에 물방울 로고가 그려져 있는 아르헨티나의 프리미엄 먹는샘물은 무엇인가?

■ 고타(Gota)

★★★
12
아르헨티나의 먹는샘물인 라쿤(Lauquen)은 자체 수압에 의해 약 457m의 대수층을 뚫고 솟아오르는 자분정으로, 지상으로 올라올 때의 온도는 섭씨 (   )℃가 된다.

■ 4

★★★
13
태즈메니아의 고원지대에 형성된 샘에서 취수된 용천수로써 적은 양의 미네랄이 함유되어 있어서 자연 그대로를 담은 먹는샘물이며, 일반 먹는샘물병 형태와 독특한 얼음 형태로 판매되고 있는 것은 무엇인가?

■ 다이아몬드(Diamond)

★★
14
오스트리아식품위원회에서 공식적으로 인정받은 유아음식전용 먹는샘물로 유명하며, 다량의 천연산소가 함유돼 있고 높은 용해도를 갖고 있는 것은?7

■ 와일드알프(Wildalp)

★★★
15
1676년 개발되어 온천지역으로 각광받기 시작하였으며, 지표면으로 올라온 물의 온도는 약 37℃의 용천수로 코카콜라가 인수하여 운영하고 있는 벨기에의 대표 먹는샘물은?

■ 쇼퐁텐(Chaudfontaine)

★★★
16
불가리아의 먹는샘물인 팔라고니아(Pelagonia)에는 일반 먹는샘물에서는 거의 볼 수 없는 미네랄을 함유하고 있는데 이 성분은 무엇인가?

■ 셀렌(Selenium)

★★
17
프랑스 북동부의 보주(Vosges) 산맥이 수원지이며, 프랑스 정부에 의해 최초로 '미네랄 워터'로 공인되었고, 1760년 폴란드국왕의 주치의인 바가루(Bagaru)가 '치유의 물'로 발표한 먹는샘물의 이름은 무엇인가?

■ 콘트렉스(Contrax)

★★
18
그루지아를 대표하는 먹는샘물로 미네랄이 풍부하고 물맛이 좋아서 건강치료용으로 각광받고 있으며 러시아 황제에게 진상되었던 먹는샘물은 무엇인가?

■ 보르조미(Borjomi)

★
19
이탈리아 플로렌스 대학과 약학협회의 임상실험 이후로 일반 물에 비해 이뇨작용이 뛰어나다는 연구결과를 보여준 먹는샘물은?

■ 아쿠아 판나(Aqua Panna)

★
20
이탈리아에서 가장 인기 있는 스파클링 워터 중 하나로 로마의 한니발(Hannibal)장군이 부대 이동 중에 멈춰 물을 마신 곳으로 유명한 천연탄산수는 무엇인가?

■ 페라렐레(Ferrarelle)

★★
21
아래의 지도의 빈칸에 해당하는 지명으로, 체르노빌 원전사고로 방사능에 노출된 소년이 이 먹는샘물로 치유되면서 유명해지기도 하였다. 해당되는 먹는샘물의 이름은 무엇인가?

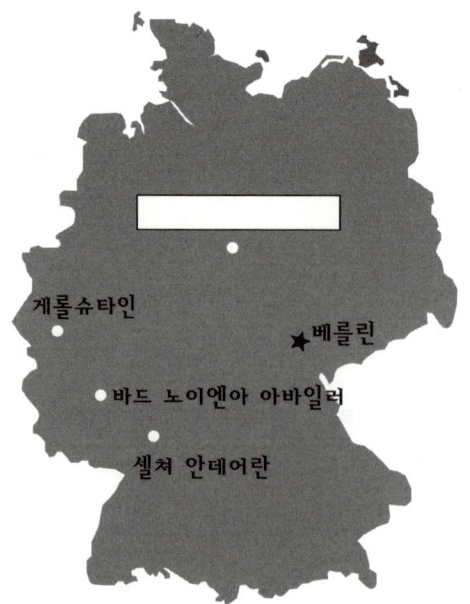

■ 노르데나우

★★
22
미국의 광고회사인 팀원(Team One)이 빙하를 모티브로 디자인한 먹는샘물은?

■ 아이슬랜딕 그레시얼(Icelandic Glacial)

★★★
23
중세부터 로마의 온천으로 유명한 휴양도시에서 취수하며 르네상스 시대의 건축가 겸 화가인 미켈란젤로가 그 효능에 관한 글을 쓰기도 했다. 또한 로마 교황청 바티칸에서도 즐겨마셨던 먹는샘물은 무엇인가?

■ 퓨기(Fiuggi)

★★★
24
판나(Panna) 먹는샘물의 수원지이며, 고대 로마시대에 이탈리아 북부와 남부를 연결하는 유일한 길목이었으며 키안티 와인 등이 유명한 지역은 어디인가?

■ 투스카니(Tuscany) 또는 투스칸 아펜니노(Tuscan Apennines)

★★★
25
이탈리아어로 '물방울'을 의미하며 나트륨 성분이 함유되어 있어 매우 가벼운 맛으로 변비와 이뇨작용에 효과가 있으며 저염식단을 위해 권장되는 먹는샘물은 무엇인가?

■ 고챠 디 카니아(Goccia di Carnia)

★★★
26

이탈리아 산 로렌조(San Lorenzo)산이 수원지이며, 고대 로마인에 의해 발견되어 로마 목욕탕이 이 근처에서 생겼다고 한다. 수천 년 동안 쌓인 거대한 점토층에 빽빽한 규사로 덮여있는 이 지역의 이름이면서 먹는샘물의 이름은 무엇인가?

■ 갈바니나(Galvanina)

★★★
27

가장 가볍다는 평을 받고 있는 이탈리아에서 생산되는 천연 미네랄 워터로 빙하에서 흘러내린 물이 아오스타 계곡(Aosta Valley)의 암반층에서 정화되어 깨끗하고 순수한 물이며 짙은 푸른색의 시원한 색상의 병이 청량감을 상승시키는 먹는샘물은 무엇인가?

■ 라우레타나(Lauretana)

★★★
28

국제소믈리에협회(ASI)의 공식 먹는샘물로 전 세계 미식가들과 미슐랭 선정 레스토랑에서 가장 선호하는 이탈리아의 천연탄산수는?

■ 산 펠레그리노(San pellegrino)

★★★
29

이탈리아 솔레(Sole)의 창립자 이름은?

■ 보디 이타로(Bodi Italo)

** 30
이탈리아의 먹는샘물로 서기 1000년경에 전염병으로 많은 사람들이 죽었을 때, 이 샘 근처 수도원 가까이 살던 사람들이 많이 살아남아 유명해진 먹는샘물은?

■ 솔레(Sole)

** 31
일본을 대표하는 먹는샘물로 장어를 양식하는 담수어로 사용했던 물로써 천연활성 수소수로서의 건강 먹는샘물로 평가되고 있는 먹는샘물은?

■ 히타천령수

** 32
세계적인 디자이너 카림 라시드(Karim Rashid)가 캡슐을 형상화하여 디자인한 맑고 깨끗한 이미지의 국내 먹는샘물은?

■ 오(Eau)

* 33
국내 시장 점유율 1위의 먹는샘물로 화산활동으로 생긴 수십겹의 현무암층을 거치면서 불순물은 제거되고 천연 미네랄 성분이 자연적으로 녹아있는 먹는샘물은?

■ 삼다수

★
34
우리나라의 대표적인 먹는샘물로 얼음(Ice)과 오아시스(Oasis)의 합성어를 사용하는 pH8.0 의 약 알칼리성을 띠는 먹는샘물은?

■ 아이시스 8.0

★★
35
우리나라의 먹는샘물로써 '바코드롭 캠페인'으로 소비자들의 호응을 이끌어낸 CJ가 개발한 '미네워터'는 수원지의 형태에 따라 분류하면 어떤 먹는샘물에 속하는가?

■ 해양심층수

★★★
36
노르웨이의 먹는샘물 중 이스브레(Isbre)는 노르웨이 언어로 어떤 뜻인가?

■ 빙하

★★★
37
노르웨이 언어로 '빙하'라는 뜻의 이스브레(Isbre)는 아주 순수하고 깨끗하며 청량감이 확연한 것이 특징이며, 미국에서는 치료수로 (   ), (   ), 그리고 '오염에 시달리는 사람들'의 해독작용에 탁월한 효과가 있다고 한다. 빈 칸에 정답을 적으시오.

■ 어린아이, 산모

★
38
노르웨이의 프리미엄 먹는샘물인 보스(Voss)의 원수원은 무엇인가?

■ 자분정

★
39
노르웨이의 프리미엄 먹는샘물인 보스(Voss)의 병을 디자인한 사람은?

■ 닐 크라프트(Neil Kraft)

★
40
세계에서 이름난 지도자나 스포츠인, 헐리우드 배우들이 즐겨 마시면서 유명세를 탄 노르웨이 보스(Voss)의 생산지역은?

■ 이베란드(Iveland)

★★★
41
포르투갈어로 '물의 도시' 라는 의미의 포르투갈 항공기의 공식 먹는샘물로 지정된 것은?

■ 루소(Luso)

★★★
42
루마니아의 탄산수 보르섹(Borsec)은 탄산화 정도로 분류하면 어떤 종류의 탄산수에 속하는가?

■ 라이트 워터(Light Water)

★★★
43
루마니아의 탄산수 보르섹(Borsec)은 1873년 오스트리아 황제 프란츠 조세프(Franz Josef)가 개인 소유의 먹는샘물로 지정하면서 (   )이라는 칭호를 붙여 주었다.

■ 생수의 여왕, 먹는샘물의 여왕

★★★
44
루마니아의 탄산수 보르섹(Borsec)은 중탄산염의 함유량이 1,800mg/L의 물로, 건강측면에서 어떠한 효과가 있는가?

■ 소화촉진, 위장장애 개선

★★
45
세르비아의 먹는샘물 보다보다(Vodavoda)의 수원지는?

■ 비루이치 스파(Vrujci Spa)

★★★
46
슬로베니아의 로가스카 도나트(Rogaska Donat) 먹는샘물이 가장 많이 함유하고 있는 미네랄 성분은?

■ 마그네슘(mg)

★★★
47
슬로베니아의 대표적인 미네랄 워터로 1931년 레이블에 빨간색 하트모양을 디자인하여 1936년부터 사용한 먹는샘물은?

■ 라덴스카(Radenska)

★★ 48

'그리스 신화에 나오는 날개 달린 천마 페가수스(Pegasus)가 아폴로의 명을 받들어 로이트스크레네(Roitschocrene)에서 찾은 용천수'라는 전설에서 유래된 슬로베니아의 먹는샘물은?

■ 로이(Roi)

★★ 49

슬로베니아의 먹는샘물 로이(Roi)의 빈티지는?

■ 8,000년

★★ 50

다음 빈칸에 들어갈 알맞은 나라 이름은?

> 비쉬 카탈란(Vichy catalan), 몬다리즈(Mondariz), 말라벨라(Malavella)는 (　　　)에서 생산되는 먹는샘물이다.

■ 스페인

★★★ 51

다음 빈칸에 들어갈 먹는샘물 브랜드는?

> 스웨덴의 대표적인 먹는샘물로 알려진 (　　　)는 5,200년 전의 석기시대 때 내린 빗물이 자연정화된 천연암반수이다.

■ 마름버그(Malmberg)

★★
52
다음 빈칸에 들어갈 먹는샘물의 브랜드는?

| 미국의 오리건주에서 생산되는 (　　　　)은/는 빗물을 그대로 받아 정화한 천상수이다. |

■ 오리건 레인(Oregon Rain)

★★★
53
다음 빈칸에 들어갈 알맞은 단어는?

| 미국 웨일즈 지방에서 생산되는 먹는샘물 타우(Tau)는 (　　　　)을 의미한다. |

■ 침묵

★★
54
먹는샘물 코나 딥(Kona deep), 마할로(Mahalo)의 생산지역은 어디인가?

■ 하와이(Hawaii)

★★★
55
미국에서 최고의 온천으로 알려진 뉴욕의 애디론댁스(Adirondacks, Newyork)에서 취수되며, 인디언 말로 '빠른 물이 흐르는 곳'이라는 뜻의 먹는샘물은?

■ 사라토가(Saratoga)

★★★
56
다음 빈칸에 들어갈 알맞은 먹는샘물은?

스페인의 말라벨라(Malavella) 먹는샘물은 TDS, pH, 탄산, 나트륨 등의 함량이 스페인의 카탈로니아에 수원지가 있는 (　　　) 먹는샘물과 매우 유사하다.

■ 비쉬 카탈란(Vichy Catalan)

★★
57
스페인에서 생산되는 비쉬 카탈란(Vichy Catalan) 먹는샘물의 수원지는?

■ 카탈로니아의 지로나(Catalonia, Girona)

★★★
58
물맛이 청량하고 깔끔하여 '영국의 스파'라는 별명이 붙은 먹는샘물은 무엇인가?

■ 헤로게이트 스파(Harrogate Spa)

서술형

★★ 01
독일의 탄산수 로스바허(Rosbacher)는 언제 섭취하는 것이 좋으며 그 이유해 대해 설명하시오.

운동 후, 로스바허는 운동 후 땀을 많이 흘려 급격한 체력소모가 올 때 갈증해소와 체력보강에 좋으며 칼슘과 마그네슘이 2:1 비율로 함유되어 있어 인체의 가장 이상적인 비율로 체내에서 땀의 배출로 부족한 미네랄을 보충해 주는 데 최상의 조건이다.

★ 02
프랑스의 프리미엄 먹는샘물인 바두아(Badoit)에 대해 설명하시오.

프랑스 고대 갈리아(Gaul)족이 왕에게 즐거움을 선사하기 위해 제공한 먹는샘물이다. 프랑스 루아르강에서 500m정도 남쪽으로 내려간 지역에서 생산되는 바두아는 천연 미네랄이 풍부하게 함유되어 있으며, 가볍고 상쾌한 스파클링이 자연적으로 들어있다. 이 물을 최초로 발견한 오귀스트 바두아(Auguste Badoit)의 이름을 붙여 1938년 생산되었으며, 1971년 에비앙과 합병하면서 대중화되었다. 현재는 에비앙(Evian)을 운영하는 세계적인 그룹 다농에서 생산하고 있으며, 섬세한 스파클링과 균형잡힌 맛이 미식가들이 음식 섭취 시에 미묘한 맛을 보완하는 역할을 하여 고급 레스토랑에서 주로 볼 수 있어 '미식가들의 미네랄 워터'라는 칭호를 받고 있다. 미네랄 탄산수를 선호하지 않는 사람들에게 추천해도 무리가 없다.

★★ 03
호주의 프리미엄 먹는샘물인 알카라이프(Alkalife)에 대해 설명하시오.

1940년 해발 1,300m 고지의 수풀이 우거진 곳에서 우연히 발견된 뒤, 1996년 알카 동굴에서 개발하기 시작하여 2002년 알칼리수로 호주 정부로부터 인증 받은 먹는샘물이다. 세계자연유산으로 지정된 블루 마운틴의 천연 석회동굴에서 숙성되어 미네랄이 풍부하며 자연 알칼리수 pH8.17~8.26으로 세계적인 희귀 먹는샘물로 인정받고 있다. 사람의 혈액농도와 유사하여 활성산소 제거 및 몸속의 산성 물질과 노폐물을 중화하는 데 도움을 줄 뿐만 아니라 중탄산염이 많아 소화불량 및 위염 환자에게도 좋다. 또한 분자가 작아 면역체계가 약한 소아들도 잘 흡수할 수 있어 성장발육에 좋으며 콜라겐을 형성하는 실리카가 다량 함유되어 있어 '마시는 화장품'이라 불리며 젊은 여성들에게 사랑받고 있다.

★ 04

페리에(Perrier)의 종류, 역사, 특징에 대하여 서술하시오.

페리에(Perrier)는 프랑스 남동부 베르게즈를 수원지로 둔 탄산수로, 탄산염화 정도는 볼드 워터이다. 페리에는 1863년 프랑스의 내과의사였던 루이 페리에 박사가 프랑스 남동부 베르게즈의 광천 소유권을 확보하면서 생산하기 시작하였다. 페리에의 원수와 이산화탄소는 별개의 지하 시설에서 집수하여 병입과정 중에 혼합 처리되며 크고 강한 기포가 특징적이며 수소이온농도도 산성이다. 특유의 곤봉 모양의 병 디자인으로 영국에서 큰 인기를 얻으면서 버킹엄 궁전의 공식 먹는샘물로 지정되기도 하였으며, 1970년대 웰빙 바람과 함께 네슬레의 마케팅이 성공하여 프랑스를 대표하는 천연탄산수로 전세계 먹는샘물시장에서 부동의 1위를 차지하고 있다.

★★★ 05

레비시마(Levissima)의 종류, 효능 및 특징에 대하여 서술하시오.

레비시마(Levissima)는 이탈리아의 북부 알프스 산악지대에서 생산되는 천연용천수로, 탄산수와 스틸 두 버전으로 생산된다. 갈증해소에 효과가 탁월해 무더운 여름철에 인기가 많으며 일반적으로 스포츠 음료 혹은 다이어트 음료로 스틸 워터가 판매되며, 탄산수의 경우에는 혼합음료용으로 적합하여 고급레스토랑에서는 찾아보기 어렵다. TDS 수치가 낮아 마시기가 편하며 보르미오(Bormio)스키 리조트 가까이 있는 수원지에서 유리관을 통해 계곡에 있는 집수시설로 옮겨져 병입되고 유통된다.

★★★ 06

대한민국 먹는샘물 A수(Eisu)에서 A가 의미하는 다섯 가지는 무엇인가?

알칼리(Alkaline), 최고(Ace), 물(Aqua), 제1의(Alpha), 완전무결(Absolute)

★★ 07

먹는샘물 힐돈(Hildon)을 스토리텔링하시오.

영국 남쪽에 위치한 햄프셔의 아름다운 시골마을, 석회암 언덕 아래에서 취수한 힐돈(Hildon) 먹는샘물은 저택 사유지 안에 수원지가 있다. 힐돈(Hildon) 먹는샘물의 소유주는 1980년 중반 저택 우물샘의 수질검사 결과 정부로부터 법적으로 '천연 미네랄 워터'로 인정받았다. 영국의 오페라 하우스, 고급레스토랑, 귀족들의 사교 모임에서 인기를 얻고 있다. 스틸 워터 버전은 '유쾌한 스틸 워터, 에퍼베슨트 버전은 순한 탄산수라고 기재되어 있다. 영국의 고급스러운 먹는샘물 브랜드가 되었으며 깨끗한 끝맛으로 타의 추종을 불허하는 프리미엄 탄산수라는 명성을 얻었다.

수원지는 햄프셔(Hampshire)이며 원수는 정수(우물물)이다. 성장기의 어린이 발육, 골다공증, 운동전후, 스트레스 해소에 좋으며, 전채요리, 새우칵테일, 소고기스테이크, 생선구이와 어울린다. 테이스팅 노트는 희미한 석회암 향과 아주 미세한 단맛, 칼슘의 쓴맛이 품격 있게 느껴지며 청량감이 돋보인다.

★★★
08

미국 먹는샘물 시장의 성장과정과 대표적인 먹는샘물 브랜드를 5개 이상 서술하시오.

1767년 보스턴의 잭슨 온천이 병 치유의 기적을 보이면서 소비자들에게 좋은 반응과 함께 먹는샘물의 수요를 가져왔다. 그 후 1800년대 알바니 근처의 미네랄 온천의 먹는샘물이 병입되고, 1900년대에 탄산수를 병입하여 시판하였으나 크게 성공하지 못하였다. 미국에서는 수질이 좋은 원수를 사용하여 깨끗하게 정제된 수돗물이 가정에 송수되면서 수돗물 소비가 많아지게 되었고 그 결과 먹는샘물 판매량이 40%를 차지하기도하였다. 1977년 페리에(Perrier) 먹는샘물이 미국에 상륙하면서 먹는샘물 트렌드를 바꾸기 시작하였다. 미국소비자들 역시 웰빙과 건강에 대한 관심으로 먹는샘물 소비가 성장 및 발전하였으며, 스포츠 음료로서 각광받기 시작하였다. 최근에는 고급 호텔, 레스토랑에 미식가들이 고급 프리미엄 먹는샘물을 찾기 시작하면서 먹는샘물 브랜드가 탄생하였고, 지금의 세계시장을 리드하기 시작하였다.
미국의 먹는샘물로는 블링 H_2O(Bling H_2O), 엘도라도(El Dorado), 잉글리쉬 마운틴(English Mountain), 페이머스 크레이지(Famous Crazy), 하와이안 스프링스(Hawaian Springs), 코나딥(Kona Deep), 르 블루(Le bleu), 마할로(Mahalo), 마니투(Manitou), 몬타쿠아(Montaqua), 마운트 올림푸스(Mount Olympus), 마운틴 밸리 스프링(Mountain Valley spring), 오리건 레인(on Rain), 사라토가(Sartoga)), 시라이트 스프링스(Seawright spring), 스톤클리어 스프링스(Stoneclear springs), 선라이트 스프링스(Sunlight springs), 트리니티 오리지널(Trinity original) 등이 있다.

★★
09

세계적으로 가장 많이 판매되는 10대 먹는샘물에 대해 시장점유율 순위대로 브랜드명, 국가를 적으시오.

10대 먹는샘물은 ① 에비앙(Evian : 프랑스) ② 피지(Fiji : 피지) ③ 게롤슈타이너(Gerolsteiner : 이탈리아) ④ 페라렐레(Fellarelle : 이탈리아) ⑤ 페리에(Perrier : 프랑스) ⑥ 산펠레그리노(San Pellegrino : 이탈리아) ⑦ 마운틴 밸리 스프링(Mountain Valley Spring : 미국) ⑧ 티난트(Ty Nant : 영국) ⑨ 볼빅(Volvic : 프랑스) ⑩ 아이스랜딕 그래이셜(Icelandic Glacial : 아이슬란드)

★★★
10

피지(Fiji) 먹는샘물의 물맛에 대해 기술하시오.

피지 먹는샘물은 천연암반수로써 미네랄의 함유비율이 최고의 균형을 이루는데 전반적으로 부드럽고 감미로운 물맛은 입맛을 끌어당기며 미네랄 함량이 낮은 대신 중탄산염, 실리카, 이산화규소 함량비율은 높은 편이다.

★★★
11
독일의 게롤슈타이너(Gerolsteiner) 먹는샘물의 물맛을 기술하시오.

게롤슈타이너 먹는샘물은 천연탄산수로써 모든 미네랄이 균형 잡힌 물이면서 다른 미네랄워터에서 볼 수 있는 짠맛, 신맛 또는 쓴맛이 아니라 깨끗하고 상쾌하고 자연적인 맛이 일품이다. 테이스팅을 해보면 클래식 워터 경우에는 큰 기포가 지속적으로 올라오며, 미세한 솔잎, 박하 향이 느껴지며, 경쾌하면서 부드러운 끝 맛이 청량감을 더해주는 매력이 있다.

★★★
12
이탈리아의 페라렐레(Fellarelle) 먹는샘물의 물맛을 기술하시오.

페라렐레 먹는샘물의 특징은 아주 작고 부드러운 탄산가스와 순수한 물맛이 미각을 돋우어주며 어떤 식사 테이블에서도 완벽한 조화를 준다. 즉, 탄산가스의 농도는 0.5%로 입안에서는 톡톡 튀는 청량감이 느껴지지만 목 넘김은 자극 없이 편안하여 식사할 때나 식수로도 편안하게 마실 수 있다.

★★★
13
이탈리아의 산펠레그리노(San Pellegrino) 먹는샘물의 물맛을 기술하시오.

산펠레그리노 먹는샘물은 특유의 광물질 유황향이 나며, 섬세하고 부드러운 기포가 매력이다. 뒷맛이 상쾌하여 계속 마시고 싶은 충동이 나타나며, 부드러운 상쾌한 기분도 오래 지속된다.

★★★
14
미국의 마운틴 밸리 스프링(Mountain Valley Spring)의 스토리텔링을 유명인사를 중심으로 기술하시오.

1920년부터 마운틴 밸리 스프링은 미국의 상원 의원과 대통령까지 즐겨 마셔 더욱 유명해진 물로 쿨리지(Coolidge)부터 아이젠하워(Eisenhower), 클린턴(Clinton) 대통령까지 지속되었는데 특히 심장병을 앓았던 아이젠하워 대통령에게 의사가 처방한 물이 마운틴 밸리 스프링으로 유명하다. 또한 '로큰롤의 왕'으로 불리며 대중음악을 혁신한 엘비스 프레슬리, 세계적인 권투 챔피언 조 루이스 그리고 슈거 레이 로빈슨이 마시는 먹는샘물로 더욱더 유명세를 탔다. 그 이유는 알칼리수(pH 7.8)로 적당한 미네랄을 함유하고 있어 물맛의 균형이 좋으며, 단맛이 나는 특유의 개성으로 '세계에서 가장 맛있는 물의 대명사'로 인정받았기 때문이다.

워터 마케팅과 상식

11

OX형

★★
01
인체가 필요로 하는 하루 평균 3.8L의 물 중 1.9L는 물의 형태로 공급되고, 나머지는 물질대사와 음식에 함유된 수분에서 공급된다.

■ ○

★
02
식사 중 물 섭취는 소화 공정에 큰 영향을 미치지 않지만 식사 중 탈수는 큰 영향을 준다.

■ ○

★
03
식사 30분 전에 마시는 한두 잔의 물은 고형 음식물을 받아들일 수 있게 위장을 준비시킨다.

■ ○

★
04
식사 전에 물을 마시면 소화기관의 많은 문제(더부룩함, 흉통, 대장염, 변비, 게실염, 크론병, 열공탈장, 체중증가)를 야기시킨다.

식사 30분 전에 마시는 한두 잔의 물은 소화관의 많은 문제, 즉 더부룩함과 흉통, 대장염, 변비, 게실염, 크론병, 열공탈장, 소화관의 암, 체중 증가를 피할 수 있다.

■ X

★★
05

식사 후 2~2시간 30분이내에 마시는 1~2잔의 물은 포만호르몬을 자극해서 소화관의 소화 공정을 마무리 짓는다.

■○

★
06

물은 인체의 모든 세포에서 전자기적 에너지를 발생시켜 세포에 생명력을 제공한다.

■○

★
07

물을 너무 많이 마시면 어린이나 어른 모두에게 주의력결핍장애가 생긴다.
물은 어린이나 어른 모두에서 주의력결핍장애를 예방한다.

■X

★★
08

물을 너무 많이 마시면 전해질 균형을 잃어버려 질병에 취약해지고 면역력이 떨어진다.
물과 함께 적절한 양의 소금을 섭취해야 체내 수분을 담을 수 있다.

■○

★★
09

일반적으로 토너, 크림, 앰플 등 화장품 성분 중 물이 차지하는 비율은 50% 이상이다.
일반적으로 토너, 크림, 앰플 등 화장품 성분 중 물이 차지하는 비율은 70% 이상이다.

■X

★
10
저자극, 피부 친화적인 화장품이 선호되면서 정제수보다는 빙하수, 해양심층수 등 다양한 친자연적인 성분들이 들어있는 화장품들이 각광받고 있다.

■○

★
11
프리미엄 물은 피부에 깊은 보습과 진정효과를 선사해 피부 노화나 탄력저하 등을 해결해준다.

■○

★★
12
마시는 물은 인체 내에서 입-위-장-간장-심장-혈관-세포-혈액-신장-배설 등의 순서로 순환한다.

■○

★★★
13
음식을 먹기 전 물을 한잔 마시면 교감신경계가 아드레날린과 노르아드레날린 분비를 자극하여 육체적 활동을 증강시킬 에너지로 사용될 단백질을 분해한다.

■X

★★★
14
노화는 인체의 다발성 결핍의 직접적인 결과로 인한 탈수가 원인이며, 필수적인 미네랄 결핍이 뒤따른다.

■○

★★
15
헝가리의 얼베르트 센트 죄르지(Albert Szent-Gyorgyi) 박사의 연구에 따르면 체내에 축적된 수소(전자)가 줄어들면 만성피로나 성인병 등이 생긴다.

★★
16
수소수 점안액은 망막의 시신경을 자극시켜 백내장을 유발시킨다.

★
17
산소수는 일반적인 물속에 녹아 있는 용존산소 농도보다 10~15배 이상 높게 함유되어 있는 물을 의미한다.

★
18
중공사막 방식의 정수기의 장점으로는 역삼투압방식에 비해 물의 낭비가 없고 세균과 오염물질은 걸러내고 인체에 유해한 미네랄을 통과시킨다는 점이다.

★
19
우리나라의 도시용수 수돗물을 병물로 판매하는 먹는샘물로는 아리수와 K-water가 있다.

선택형

01 ⭐⭐
정수 필터 방식 중 역삼투압방식에 대한 설명으로 틀린 것은?
① 원수에 압력을 가해 삼투막을 통과시켜 정수하는 방식
② 박테리아와 세균의 침투를 막음
③ 물을 산성화시킴
④ 미네랄이 풍부함

정수 방식 중 역삼투압방식은 삼투막의 구멍이 아주 촘촘하고 미세해서 박테리아와 세균마저 침투할 수 없게 하는 정화능력을 가지고 있어 깨끗한 물을 만들어 주지만, 수돗물 속의 미네랄 성분들까지 제거함으로써 이산화탄소가 쉽게 물에 녹게 만들어 물을 산성화시킨다는 단점을 가지고 있다.

■ ④

02 ⭐⭐
정수 필터 방식 중 중공사막방식에 대한 설명으로 틀린 것은?
① 다공성 섬유 중공사막을 다발형으로 접속해 사용
② 녹찌꺼기, 곰팡이, 미생물, 바이러스, 박테리아를 제거
③ 중금속, 환경호르몬을 제거
④ 미네랄은 그대로 통과시키는 장점

중공사막방식 정수 방식은 혈액을 걸러주는 인공신장 투석기에 사용되는 다공성 섬유 중공사막을 다발형으로 접속해 사용한다. 녹 찌꺼기, 곰팡이, 미생물, 바이러스, 박테리아와 같은 불순물은 걸러내지만, 미네랄은 그대로 통과시키기 때문에 물이 산성화될 일이 없다. 그러나 중금속이나 환경호르몬 등 몸에 해로운 물질들을 통과시킬 가능성이 있다는 것이 가장 큰 맹점으로 남는다.

■ ③

★★★
03

온도에 따른 물속의 육각수 비율로 알맞게 짝지어진 것은?

① 10℃ : 20%
② 0℃ : 30%
③ 90℃ : 40%
④ -40℃ : 100%

물 분자가 6각수 또는 5각수의 어떠한 구조가 되는지를 결정하는 요소 중 하나는 온도이다. 물 전체를 관찰하며 어느 순간에 6각수 구조를 나타내고 있는 물의 비율을 측정하면 10℃에서는 전체의 22%, 0℃에서는 26%가 6각수였다. 더 온도가 내려가면 6각수는 더 많아지고 과냉각 상태인 -40℃에서 -30℃ 사이에서는 거의 100%가 6각수가 된다.

■ ④

★★
04

6각수에 대한 설명으로 틀린 것은?

① 6각수는 5각수보다 비열이 크다.
② 더운물보다 찬물에 더 많다.
③ 엔트로피 방출을 더 효과적으로 한다.
④ 황산, 탄산, 칼륨 이온은 6각수 구조 형성을 돕는다.

6각수 구조형성성 이온은 칼슘, 나트륨이며, 구조파괴성 이온은 황산, 탄산, 염화물, 칼륨 이온이다.

■ ④

★★
05

물의 성질과 기능별 특징으로 옳지 않은 것은?

① 물은 생명체의 구성체이다.
② 물은 용해력이 있고 용해된 물질을 싣고 순환한다.
③ 물은 흐르는 성질이 있고 세척력이 강하다.
④ 물은 환경이 달라져도 모습을 바꾸지 않는다.

물은 환경에 따라 모습을 바꾼다.

■ ④

06

물의 다양한 기능에 대한 설명으로 틀린 것은?
① 물은 외부 환경의 변화에 체온이 적응하여 알맞게 변하도록 돕는다.
② 물은 관절 윤활작용과 충격 흡수 작용을 한다.
③ 물은 산소와 영양소 운반을 돕는다.
④ 물은 면역세포들의 적절한 기능을 돕는다.

물은 비열과 증발열이 높아서 더운 환경이나 추운 환경에서도 체온을 일정하게 유지시킨다.

■ ①

07

인체의 탈수 발생 시 경험하는 증상으로 틀린 것은?
① 입이 마르고 침이 끈적끈적해짐
② 소변량 감소
③ 근력 강화
④ 졸음이 오거나 피로감을 느낌

탈수 시 발생하는 증상 중 하나로 근력 약화가 있다.

■ ③

08

먹는샘물의 문제점으로 틀린 것은?
① 페트병에서 방출되는 유해물질
② 제조과정의 문제점
③ 유통과정의 문제점
④ 환경보호

먹는샘물은 많은 장점을 가지고 있지만 운송과 관련되어 자원낭비가 있는 단점을 가지고 있다. 먹는샘물의 포장 용기인 페트병의 경우 환경과 사람의 건강을 위협한다.

■ ④

★ 09

몸이 물을 매일매일 필요로 하는 이유 중 틀린 것은?
① 인체 모든 세포에서 전자기적 에너지를 발생시킨다.
② 음식을 작은 입자로 분해하여 대사와 동화에 사용되게 한다.
③ 인체 내부에서 모든 물질을 운송하는 데 이용된다.
④ 관절 간극을 견고하게 하여 관절염과 요통을 악화시킨다.

물은 관절 간극의 주요 윤활유이며 관절염과 요통을 예방한다.

■ ④

★★ 10

정상적인 혈액은 물이 몇 % 차지하는가?
① 90%   ② 87%
③ 92%   ④ 94%

인체가 충분히 수화되었을 때 정상적인 혈액은 물이 94%를 차지한다.

■ ④

★★★ 11

뇌의 몇 퍼센트가 물로 구성되어 있는가?
① 80%   ② 82%
③ 85%   ④ 87%

뇌는 85% 물로 구성되어 있다.

■ ③

12

물이 인체에서 하는 역할로 틀린 것은?
① 세포에 산소와 영양을 공급한다.
② 노폐물을 땀과 대소변에 섞어 배출한다.
③ 소장과 대장에서 음식물을 녹이고 희석해 소화, 흡수시킨다.
④ 세포 속의 형태가 변하도록 혈액과 조직액의 순환을 촉진한다.

물은 세포 속의 형태가 변하지 않도록 혈액과 조직액의 순환을 촉진한다.

■ ④

13

수소의 네 가지 핵심 능력이 아닌 것은?
① 이뇨 작용
② 항염증 작용
③ 항알레르기 작용
④ 혈관을 깨끗하게, 혈액을 맑게

수소의 4가지 핵심 능력은 항산화 작용, 항염증 작용, 항알레르기 작용, 혈관을 깨끗하고 혈액을 맑게 하는 능력이다.

■ ①

14

먹는샘물 광고에서 청년 또는 노인이 먹는샘물을 마시고 난 뒤 거울을 보니 아이가 비치는 컨셉의 광고를 통해 젊음을 강조한 마케팅으로 성공한 먹는샘물은 무엇인가?
① 솔레(Sole)
② 에비앙(Evian)
③ 콘트렉스(Contrex)
④ 페라렐레(Ferrarelle)

■ ②

★★ 15

칼슘, 마그네슘과 같은 미네랄이 많이 포함된 먹는샘물로 신진대사를 촉진시켜주는 다이어트 성분이 들어가 있는 미네랄 워터임을 강조하면서 여성들을 타겟으로 스토리텔링을 통해 게릴라 마케팅에 성공했다. 여기서 설명하는 먹는샘물은 무엇인가?

① 에비앙(Evian)
② 이즈브레(Isbre)
③ 페라렐레(Ferrarelle)
④ 콘트렉스(Contrex)

■ ④

★★ 16

에비앙(Evian) 먹는샘물의 영문을 활용해 마케팅에 접목시킨 단어 'Naive'가 갖고 있는 뜻은?

① 아이들이 마시는 물
② 순진하고 순수한 물
③ 15년에 걸쳐 만들어진 물
④ 신장결석을 치유한 신비한 물

Evian의 영문을 거꾸로 써서 'Naive' 즉, 순진하고 순수한 물이 된다는 것을 마케팅에 접목시켰다.

■ ②

★ 17

워터 마케팅에서 시장조사(Market Reseach) 단계와 거리가 먼 것은?

① 물 시장의 트랜드의 변화 조사
② 물 시장의 수요와 공급량 조사
③ SNS, 홈페이지, 전문잡지를 통한 홍보
④ 물 시장 환경과 소비자의 요구와 욕구를 파악

③은 좋은 품질의 물을 소비자에게 알리기 위한 판매촉진(Promotion)을 말한다.

■ ③

★ 18

오지 베이비 워터(Aussie Baby Water)와 함께 동반 광고하여 브랜드 이미지를 부각하고 소비자들의 모성애를 이끌어 낸 먹는샘물은?

① 콘트렉스(Contrex)
② 알카라이프(Alkalife)
③ 샤테르돈(Chateldon)
④ 클라우드 주스(Cloud Juice)

마시는 화장품으로 유명한 '알카라이프'는 오지 베이비 워터와의 동반광고로 효과를 가져오고 있다.

■ ②

★★ 19

F1 그랑프리 최다우승자인 미하엘 슈마허(Michael Schumacher)가 홍보대사를 하면서 워터 마케팅에 성공한 먹는샘물은?

① 피지(Fiji)
② 셀처(Selters)
③ 페리에(Ferrier)
④ 로스바허(Rosbacher)

독일의 로스바허는 F1그랑프리 최다 우승자인 미하엘 슈마허를 통해 더욱 유명해졌다.

■ ④

★ 20

할리우드 스타들과 미국 오바마 전 대통령이 즐겨 마시는 피지(Fiji) 먹는샘물에 포함되어 있으며, 콜라겐을 형성해 피부노화 예방에 좋은 미네랄 성분으로, 마케팅에 활용한 것은?

① 실리카(Silica) ② 셀렌(Selenium)
③ 황산염(Sulfate) ④ 중탄산염(Bicarbonate)

할리우드 스타들의 워터로 불리는 피지(Fiji) 워터는 실리카(Silica) 성분이 포함되어 있으며 이는 피부, 머리카락, 손톱을 이루는 필수성분으로 콜라겐을 형성해 피부노화를 예방하는 역할을 한다.

■ ①

★ 21

디톡스 워터에 많이 쓰이는 재료로 시원한 향과 시큼한 맛을 갖고 있으며 비타민 C가 풍부해 피부건강, 피로회복, 감기예방에 좋은 재료는?

① 계피
② 녹차
③ 비트
④ 레몬

레몬은 비타민 C가 풍부해 피부건강, 피로회복, 감기예방뿐 아니라 해독작용이 뛰어나 간 건강에도 좋다.

■ ④

★ 22

디톡스 워터에 많이 쓰이는 향신료의 하나로 음료나 음식에 넣으면 풍미를 더해주고 멘톨 성분이 소화 기능을 도우며 신경 안정에도 효과가 있는 청량감 있는 향신료는?

① 바질
② 타임
③ 애플민트
④ 스타아니스

애플민트는 멘톨이 주성분으로 청량한 향이 특징이며, 항산화 및 항암 성분이 많이 들어 있어 암을 예방하고 염증과 감기 등을 치유하는 능력이 뛰어나다.

■ ③

★★ 23

워터 디톡스에 많이 쓰이는 재료로 수분이 다량 함유되어 있고, 칼륨함량이 높은 알칼리성 식품으로 비타민 C, 미네랄 등 영양이 풍부해 피부미용에 좋으며 이뇨작용으로 부기를 빼는 효과가 있는 덩굴식물은?

① 오이
② 펜넬
③ 오디
④ 비트

오이는 수분이 다량 함유되어 있는 덩굴식물의 하나로 소화 기능을 개선하고, 칼로리가 낮고 지방 함량이 적어 다이어트에 적합하며 이뇨작용에 효과가 있다.

■ ①

★★ 24

디톡스 워터의 변비해소에 좋은 재료가 아닌 것은?

① 레몬
② 딸기
③ 망고
④ 바나나

레몬과 딸기에 함유된 팩틴 등의 수용성 식이섬유는 변비해소에 좋으며 바나나에 함유된 프락토올리고당은 장내 환경을 정리해주는 작용을 한다. 망고는 비타민 A가 풍부해 시력 향상과 야맹증에 좋다.

■ ③

★★★ 25

인체 내 필수미네랄의 기능적 중요성으로 틀린 것은?

① 셀레늄은 세포로 들어갈 때 삼투압에 의해 물을 끌고 들어간다.
② 칼슘과 마그네슘은 인체 내에서 전기를 발생시킨다.
③ 마그네슘은 여러 기관의 모든 에너지 의존적인 공정에 안정성을 부여한다.
④ 아연은 DNA 조립라인에서 정확한 유전자 표현을 돕는다.

칼륨은 세포로 들어갈 때 삼투압에 의해 물을 끌고 들어간다. 셀레늄과 아연은 세포의 안정에 중요하며, 부족하면 인체의 기능, 면역 시스템의 정상적 기능을 황폐하게 한다.

■ ①

★ 26

물과 건강에 있어서 음주와 흡연을 즐기는 사람들에게 좋은 먹는샘물은?

① 샤테르돈(Chateldon)
② 게롤슈타이너(Gerolsteiner)
③ 오고(Ogo)
④ 이드록시다즈(Hydroxydase)

네덜란드의 오고(Ogo)는 일반 먹는샘물보다 35배 정도 많은 산소를 갖고 있어 음주, 흡연에 좋은 물이다.

■ ③

★ 27

국내 정수기 시장에서 가장 많이 사용되고 있는 방식의 정수기는 ?
① 역삼투압
② 직결 여과식
③ 자연 여과식
④ 중공사막필터방식

■①

★★★ 28

소비자의 Needs, Wants로 인해 먹는샘물의 새로운 트렌드가 만들어지고 있다. 이에 해당하지 않는 것은?
① 순수하고 깨끗한 물에서 건강하고 맛있는 물에 대한 선호도
② 광고에 의한 호감도에서 먹는샘물에 대한 지식에 의한 선택
③ 식수보다는 미용이나 건강, 음식에 중점을 둔 선택
④ 워터 소믈리에에 대한 관심과 의존도가 낮아지는 경향

■④

단답형

★ 01
괄호 안에 들어갈 알맞은 숫자는?

전 세계에서 판매되고 있는 먹는샘물의 약 (　　)% 이상이 수돗물을 원수로 사용하고 있다.

■ 40

★ 02
자연 상태의 전혀 오염되지 않은 빗물은 공기 중의 (　　　)가 생성 과정에서 녹아 들어가기 때문에 pH5.6으로 산성을 띤다.

흔히 산성비라고 하는 것은 황산화물, 질산화물 등 환경오염물질이 비에 녹아 들어가 pH5.6이하의 상태인 빗물을 말한다.

■ 이산화탄소

★★★ 03~07
괄호 안에 들어갈 알맞은 숫자를 쓰시오.

총면적의 2/3가 물로 덮여 있는 지구상에는 약 13억 6,000만km3의 물이 있다. 그중 (㉠)% 이상이 바닷물이며, 육지에 분포하고 있는 염분이 없는 물은 전체의 (㉡)%에 불과하다. 또 담수 가운데 (㉢)%는 북극과 남극의 빙산과 빙하로 얼어 있거나 극 만년설로 존재하며, 약 (㉣)%는 지하수이다. 결국 인간이 사용할 수 있는 물은 공기나 땅 위에 존재하는 (㉤)%가량의 지표수 밖에 없다.

03
㉠에 들어갈 알맞은 숫자를 쓰시오.

■ 97.2

04
ⓛ에 들어갈 알맞은 숫자를 쓰시오.

■ 2.5

05
ⓒ에 들어갈 알맞은 숫자를 쓰시오.

■ 77

06
ⓔ에 들어갈 알맞은 숫자를 쓰시오.

■ 22

07
ⓜ에 들어갈 알맞은 숫자를 쓰시오.

총면적의 3분의 2가 물로 덮여 있는 지구상에는 약 13억 6,000만km3의 물이 있다. 그중 97.2% 이상이 바닷물이며, 육지에 분포하고 있는 염분이 없는 물은 전체의 2.5%에 불과하다. 또 담수 가운데 77%는 북극과 남극의 빙산과 빙하로 얼어 있거나 극 만년설로 존재하며, 약 22%는 지하수이다. 결국 인간이 사용할 수 있는 물은 공기나 땅 위에 존재하는 1%가량의 지표수밖에 없다.

■ 1

★★
08
괄호 안에 들어갈 알맞은 수는?

> 안전한 물을 공급받고 있는 사람은 전 세계 인구의 (　　　)이다.

안전한 물을 공급받고 있는 사람은 전 세계 인구의 2/3에 지나지 않는다. 깨끗한 물만 공급된다면 현재의 세계 아동사망률을 90%나 내릴 수 있다는 것이 유엔의 공식견해이다.

■ 2/3

★★★
09

물이 부족해서 생기는 탈수 현상은 의학적으로 3가지 유형으로 구분한다. 탈수의 세 가지 유형을 써라.

등장성 탈수는 염분과 수분이 동량으로 소실된 경우를 말한다. 고장성 탈수는 부적절한 수분 섭취와 과도한 수분 소실로 인해 발생한다. 저장성 탈수는 위장관으로부터 소실된 용액보다 나트륨 이온과 칼륨이온이 적게 함유된 용액으로 대체될 때 발생한다.

■ 등장성 탈수, 고장성 탈수, 저장성 탈수

★
10

먹는샘물이 주로 유통되는 플라스틱 용기 재질인 PET는 무엇의 약자인가?

출처 : 물과 건강 p. 95

■ 폴리에틸렌 테레프탈레이트(Polyethylene Terephthalate)

★
11

다음은 무엇에 관한 설명인가?

> 물에 과일과 채소를 담가서 영양이 스며들게 한 뒤, 매일 수분 및 영양분을 섭취하여 몸 안의 독소를 빼내는 것을 의미한다.

■ 디톡스 워터

★★
12

최근 노후 배관을 교체하기 위해 사용되는 에폭시 신관에서 발암성 물질인 (   )가 검출되어 수돗물에 대한 불신과 우려가 높아지고 있다.

■ 비스페놀 A

서술형

01
워터 마케팅이란 무엇인가?

먹는샘물에 관심을 갖고 있는 소비자의 욕구를 파악하여 그에 맞는 먹는샘물을 제조한 후 높은 가격으로 판매하는 것이다.

02
디톡스 워터의 효능에 대해서 서술하시오.

디톡스를 통해 피부미용, 변비해소, 다이어트, 부종해소, 안티에이징, 심신안정 등의 효과를 가져올 수 있다.

03
먹는샘물을 디캔팅하는 경우에 마케팅에는 어떤 효과가 나타날 수 있는지 서술하시오.

먹는샘물의 디캔팅은 고유의 개성을 살려 물맛을 좋게 하지만 물의 신비로움을 깨우는 의식으로 인해 레스토랑의 분위기를 즐겁게 만들 수 있다. 또한 고객들로 하여금 호기심을 불러일으키면서 먹는샘물의 품격을 높여서 다른 레스토랑과의 차별화를 줄 수 있다.

스페셜 사진문제

12

01

다음 사진의 먹는샘물 수원지는 어디인가?

프랑스 남서쪽 피레네 산맥의 산기슭에 위치한 루르드(Lourdes)는 불치병에 걸려 고생하던 14세 소녀 베르나데트라가 성모마리아를 발현하여 루르드의 동굴로 들어가 샘물을 마시고 병이 나았다고하여 유명해진 '치유하는 신비의 샘물'로 알려져 있다.
사진출처 : 네이버

■ 루르드(Lourdes)

02

다음 사진의 먹는샘물 수원지는 어디인가?

독일의 노르데나우(Nordenauer)는 호텔을 운영하던 데오 토메스 사장이 와인저장고로 사용하다가 동굴 속의 강력한 기(氣)를 감지한 고객이 동굴에서 솟아난 물을 마시면 질병이 치유될 것이라고 말한 후 실제로 많은 환자들이 질병을 치유한 곳으로 유명하다.
사진출처 : http://blog.naver.com/koko808/220169788977

■ 노르데나우(Nordenauer)

03
삼다수를 취수하는 마을의 정확한 위치는 어디인가?

사진출처 : 한국관광공사

■ 제주시 조천읍 교래리

04
울릉도에 위치한 유명한 약수이다. 이름은?

경북 울릉군 울릉읍 도동에 위치한 도동약수는 토류탄산철천으로 철분, 마그네슘, 염소, 탄산이온 등의 성분을 함유하고 있다.
출처 : doopedia.co.kr

■ 도동약수

05
'동양의 신비한 약수'로 세종대왕이 안질환을 치료했다고 알려진 먹는샘물은 무엇인가?

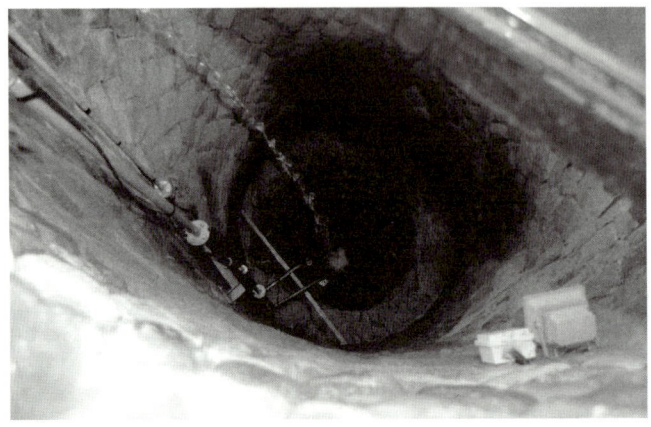

충북 청주시 청원군 내수읍 초정리에 위치한 초정약수는 차가우면서도 알싸하고 매콤한 맛이 특징으로 라듐과 칼륨, 마그네슘 등의 성분이 풍부해 눈병과 피부병, 위병 등에 효과가 좋다고 알려져 있다.
출처 : 청주시 공식 블로그 최고닷 청주

■ 초정약수

06
약수터 주변이 디딜방아의 다리 형상을 하고 있어 붙여진 평창의 약수는 무엇인가?

신병으로 고생을 하던 한 노인이 꿈에서 산신령의 계시를 받고 그 자리를 파 보았더니 맑은 샘물이 솟아났고 그 물을 마시고 병을 치유했다는 유명한 설화가 있는 강원도 평창군 진부면에 위치한 방아다리 약수이다.
사진출처 : 네이버블로그http://blog.naver.com/jsw4247/140202490196

■ 방아다리 약수

07
다음 먹는샘물의 탄산화 정도는?

바두아는 프랑스 쌩 갈미에(St. Galmier) 지역에서 생산되는 천연탄산수로, 에퍼베슨트(Effervescent) 워터는 미세한 기포가 일품인 먹는샘물이다.

■ 에퍼베슨트(Effervescent)

08
다음 먹는샘물들의 공통점은?

수르지바는 이탈리아에서, 버그와 아이스에이지는 캐나다에서 생산되는 대표적인 빙하수이다.

■ 빙하수

09
다음 방식으로 취수하는 물을 동의보감에서 무엇이라 지칭하였는가?

무근수라고도 불리우는 지장수는 황토에 숯으로 걸러낸 물을 섞어 휘저은 후 뜨는 담황색 물을 떠서 마시는 것을 일컫는다.
사진출처 : http://blog.naver.com/baekihwan62/20178830898

■ 지장수 또는 무근수

10
아래 먹는샘물의 생산국가는?

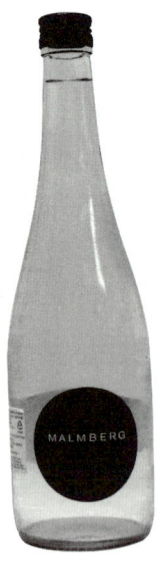

마름버그는 스페인을 대표하는 먹는샘물로, 석기시대에 내린 빗물이 자연 정화된 천연암반수이다.

■ 스웨덴

11

다음 사진 속 '레스토랑 테이블 워터의 여왕'이라는 칭호를 받고 있는 먹는샘물의 국가는?

■ 프랑스

12

2018년 (사)한국국제소믈리에협회의 공식 먹는샘물로 지정된 '바이칼 딥 워터'는 바이칼 호수 (　　　)m에서 끌어올린 원수를 사용한다. (　) 안에 알맞은 답을 쓰시오.

■ 430m

13
병입된 수돗물, 스틸 워터, 스파클링 워터, 수돗물을 함께 테이스팅할 경우 시음 순서는?

■ 수돗물(municipal water) → 병입된 수돗물(bottle water) → 스틸 워터(still water) → 스파클링 워터(sparkling water)

14
다음 워터가 갖고 있는 미네랄 성분 중 가장 많은 비중을 차지하는 미네랄 3요소는?

■ 마그네슘 1,842mg/l , 칼슘 201mg/l , 칼륨 182mg/l

15
다음 먹는샘물과 독일의 노르데나우 샘물과의 공통적인 특징은?

■ 천연 활성 수소수

16
다음 먹는샘물을 처음 발견한 사람의 이름은?

■ 오귀스트 바두아(Auguste Badoit)

17
다음 먹는샘물의 탄산화 정도에 따른 종류는?

■ 클래식 워터(classic water)

18
마이클 마스카(Michael Mascha)가 집필한 책의 이름은?

■ Fine Waters

19
다음 중국의 워터 전문가 이름은?

■존 주(John Zhu)

20
다음 워터 전문가인 마틴 리세(Martin Riese)의 활동국가는?

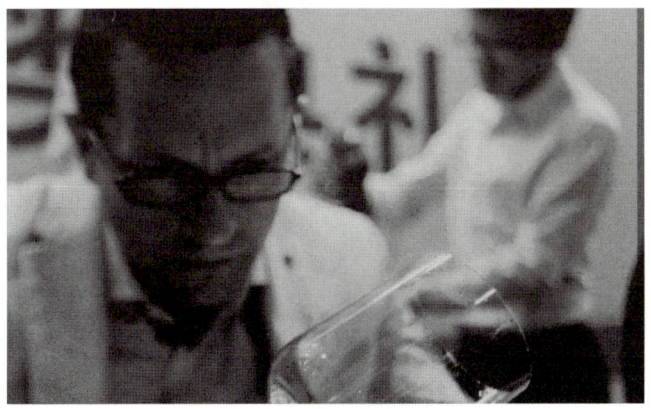

■미국

21

다음은 어떤 먹는샘물과 관련이 있는가?

■ 에비앙

22

다음 먹는샘물의 용기를 디자인한 디자이너의 이름은?

■ 닐 클라프트(Neil Kraft)

23
다음 워터 소믈리에의 소속과 이름은 무엇인가?

■ 워커힐 호텔, 이제훈 워터 소믈리에

24
다음 사진 속 김하늘 워터 소믈리에는 '국가대표 워터 소믈리에 경기대회'의 몇 년도 우승자인가?

■ 2014년

25

함경남도 북청군에 살던 사람이 한성에 올라와서 물장수를 시작한 데서 유래된 '북청물장수'들이 차린 우리나라 최초의 생수회사인 물도가(水都家)의 명칭은 무엇인가?

사진출처 : 한국민족문화대백과

■ 수방도가

26

프랑스 파리에 본사를 둔 다국적 식음료기업으로서 아래와 같은 생수 브랜드를 소유하고 있는 식품회사명은?

■ 다논 그룹(Group Danone)

27
아래의 그림에 표시된 지역의 공통점은 무엇인가?

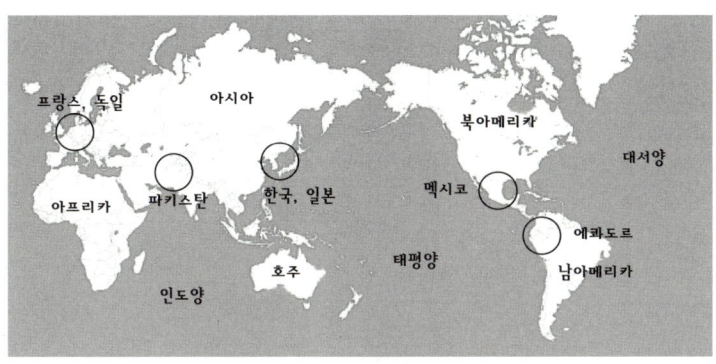

■ 세계 장수촌의 먹는샘물 또는 장수마을

28
마그네슘 함유량이 높은 슬로베니아 프리미엄 먹는샘물 '로이(Roi)'는 아폴로의 명을 받들어 로이트스크레네에서 찾은 용천수라는 전설이 전해지는데, 병에도 각인되어 있는 이 전설의 동물은 무엇인가?

■ 페가수스

29
샤테르돈(Chateldon)에 새겨져 있는 태양 심볼이 상징하는 것은 무엇인가?

■ 루이14세(태양왕)

30
아래의 지도가 나타내는 국가에서 생산된 먹는샘물을 3가지 이상 제시하시오.

■ 지도에 나타난 국가는 독일이다. 대표적인 생수로는 아폴리나리스(Aplinaris), 게롤슈타이너(Gerolsteiner), 노르데나우(Nordenau), 로스바허(Rosbacher), 셀쳐(Selters) 등이 있다.

31

로마의 황제 마르쿠스 아우렐리우스가 상처를 치유했다는 전설을 가지고 있는 '로마의 샘'이라는 뜻을 가진 생수의 이름은 무엇인가?

사진출처: http://cafe.naver.com/booknbeanstalk

■ 로마쿠에레(Romerquelle)

32

'마시는 화장품'으로 불려지는 아래의 그림과 같은 생수에 많이 함유되어 있으며, 손톱, 피부, 헤어를 건강하게 해주는 콜라겐을 형성하는 성분은 무엇인가?

■ 실리카(Silica)

33

서기 1000년경에 전염병이 돌아 많은 사람들이 죽었을 때, 솔레샘 근처 수도원 가까이 살던 사람들이 많이 살아 남았다는 사실이 알려지면서 유명해졌다. 이 물을 즐겨마셨으며 병에 새겨진 여인의 초상을 그리기도 한 작가는 누구인가?

■ 레오나르도 다빈치

34

다음 사진의 먹는샘물은 2017 국제 파인워터스 테이스팅 품평회에서 어떤 상을 받았는가?

제품명: 딥스(Deeps)
제조 및 판매: 글로벌 심층수㈜
원수원: 해양심층수
수원지: 강원도 속초시 동해
수상 : 제 2회 국내 먹는샘물 품평회 1등
       2017 국제 파인 워터스 테이스팅 품평회 금상
사진출처 : 글로벌심층수㈜ 홈페이지

■ 금상

35
다음 사진의 먹는샘물의 공통점은?

왼쪽부터 국내 해양심층수인 미네워터, 블루마린, 천년동안, 미국의 코나딥, 마할로

■ 해양심층수

36
아래의 시설들은 먹는샘물의 취수 과정 중에 무엇을 하기 위한 것인가?

사진 속 시설은 호주 킹스 아일랜드의 클라우드 주스(Cloud Juice) 먹는샘물의 집수 시설이다. 클라우드 주스(Cloud Juice)는 빗물을 받아 상품화한 먹는샘물로 오염되지 않은 청정지역에 제조시설이 있다. 병입 프로세스를 살펴보면 비가 내리면 '빗물을 탱크에 담기-공장으로 탱크 운송- 필터(여과) 및 자외선 조사-병입' 순으로 이루어진다.
사진출처 : 킹스 아일랜드 클라우드 주스 홈페이지 https://www.cloudjuice.com.au

■ 빗물을 받기 위한 장치이다.

37
아래 먹는샘물의 공통점은 무엇인가?

왼쪽부터 독일의 게롤슈타이너(Gerlosteiner), 미국의 하와이안 스프링(Hawaiian springs), 아르헨티나의 라쿤(Lauquen), 스웨덴의 마름버그(Malmberg)이다.
사진출처 : finewaters홈페이지http://www.finewaters.com

■ 자분정을 원천으로 한 먹는샘물이다.

38
다음은 우물물이 원천인 먹는샘물이다. 아래의 먹는샘물의 제품명과 제조국가는?

영국의 하이랜드 스프링은 물을 지층 밖으로 끌어올리기 위해 펌프의 기계적 힘이 필요한 우물을 원천으로 하고 있는 먹는샘물이며, 수원지는 스코틀랜드(Scotland)이다.
사진출처 : finewaters 홈페이지http://www.finewaters.com

■ 영국의 하이랜드 스프링(Highland Spring)

39

치킨샐러드에 잘 어울리는 먹는샘물의 탄산화 정도를 추천하시오.

신선도에 집중해야 하는 야채류인 샐러드에는 에퍼베스트 워터를 제공하면 신선도를 높이면서 아주 미세한 탄산가스가 소금과 같은 역할을 한다. 닭고기는 흰 살코기 음식으로 육질의 부드러움을 살려주는 것이 필요하다. 에퍼베스트 워터나 라이트 워터를 제공한다면 고기의 질감을 더 부드럽게 느낄 수 있다.
단원 : part5. 음식과 먹는샘물의 조화

■ 에퍼베스트 워터(샐러드, 닭고기), 또는 라이트워터(닭고기)

40

아래의 디저트에 어울리는 먹는샘물을 추천하시오.

달콤한 디저트는 먹는샘물 없이 먹는 것이 좋다. 굳이 페어링하자면 달콤한 맛이 살아있는 약알칼리수의 스틸 워터와 페어링 한다.

■ 먹는샘물을 제공하지 않는다.

41

다음 음식 중 수프에 어울리는 먹는샘물을 추천하시오.

수프는 먹는샘물의 페어링이 필요하지 않다. 물기가 많은 음식에는 먹는샘물을 제공하지 않는다.

■ 먹는샘물을 제공하지 않는다.

42

쇠고기 스테이크에 어울리는 먹는샘물의 탄산화 정도를 추천하시오.

가벼운 탄산가스는 붉은색 육류의 질감과 식감을 살린다.

■ 클래식 워터

43
다음 왼쪽의 기물은 무엇이며 언제 사용하는가?

오랜시간 지층에서 잠들어 있던 물을 더욱 청량하고 맛있게 마시기 위해 디캔팅이 필요하다. 디캔팅 대상이 되는 먹는샘물은 일반적으로 탄산이 없는 스틸 워터이다. 워터 디캔터는 먹는샘물이 가지고 있는 고유의 개성을 살려 물맛을 깨우는 역할을 한다. 또한 레스토랑을 찾는 고객들에게 디캔팅을 보여줌으로써 또 다른 즐거움을 제공하는 마케팅적 역할을 한다.

■ 워터 디캔터/ 탄산이 없는 스틸 워터의 물맛을 살리는 역할을 한다.

44
아래 협회에서 추천하는 먹는샘물 보관법은?

■ 세계먹는샘물협회(IBWA: International Bottled Water Association)의 먹는샘물 보관법은 아래와 같다.
  - 냉장 컨테이너 안에 밀봉하여 보관
  - 실내온도보다 낮은 온도 유지하며 보관
  - 직사광선 피하여 보관
  - 냄새 유발 물질로부터 분리하여 보관
  - 다량 구입하여 보관시 햇볕 들지 않는 서늘한곳에 보관

13

기출문제

(사)한국국제소믈리에협회(KISA) 시행
2018년 1월 6일(토) 워터 소믈리에 자격검정 정기 필기시험

※ 다음 문제를 읽고 O 또는 X로 답하시오. (OX유형: 배점 2점 / 총 30점)

01 와인과 먹는샘물을 함께 마신다면 와인보다 먹는샘물에 중점을 두도록 한다.

02 스틸 워터의 서비스 온도는 10℃가 적당하며, 12℃에 보관하는 것이 좋다.

03 미네랄 워터(Mineral Water)와 내추럴 미네랄 워터(Natural Mineral Water)의 차이점은 화학처리 과정 유무이다.

04 먹는샘물을 평가하는 풍미(Flaver)는 미각＋시각＋구강촉감으로 한다.

05 물을 가장 먼저 상업적으로 이용한 지역은 프랑스의 에비앙(Evian)이다.

06 해양심층수를 음용수로 만들기 위해서는 보통 심층수를 5배 정도 희석시킨다.

07 우물(Well)의 대표적인 먹는샘물은 타우(Tau), 힐돈(Hildon), 하와이안 스프링스(Hawaiian Springs)이다.

08 밥을 지을 때는 먼저 쌀을 씻어 쌀 양의 1.1~1.3배의 물을 붓고 끓인다.

09 탄산수의 기포가 굵어 쉽게 구별할 수 있는 독특하고 고유한 맛을 말하는 것의 테이스팅 용어는 "Bold"라고 한다.

10 빙하수는 천연육각수 구조를 가지며, 불순물이 거의 없고 활성산소가 풍부하다.

11 독일의 대표적인 스포츠용 먹는샘물로, 칼슘과 마그네슘 비율이 4:1로 구성된 먹는샘물은 로스바허(Rosbacher)이다.

12 남극이나 북극의 거대한 얼음덩어리를 빙산(Iceberg)이라 하며, 빙산에서 떨어져 나온 해류에 떠다니는 얼음덩어리를 빙하(Glacier)라고 한다.

13 스파클링 워터는 디켄팅하면 탄산의 변화가 일어나 물맛이 좋아지므로 디켄팅을 하는 것이 좋다.

14 물속에 녹아있는 미네랄의 양을 총용존고형물(TDS)이라고 한다.

15 볼드 워터(Bold water)를 실온에 보관하면 거품은 가라앉는다.

※ 다음 문제를 읽고 정답을 선택하시오. (선택형: 배점 2점/총 40점)

01 물이 인체에 미치는 영향에 관한 설명이 아닌 것은?
① 체내의 열을 발생시켜 체온조절을 함
② 영양소를 용해시켜 이를 흡수하고 운반하여 필요한 세포에 공급함
③ 세포의 형태를 유지하고, 대사작용을 높임
④ 혈액을 약산성으로 유지시킴

02 세계 장수마을과 관련된 내용이 잘못 짝지어 진 것은?
① 멕시코 트라코테 먹는샘물 – 에이즈 치료
② 파키스탄 훈자의 먹는샘물 – 잃어버린 지평선
③ 에콰도르 비카밤바의 먹는샘물 – 성모마리아 발현
④ 프랑스 루르드의 먹는샘물 – 치유하는 신비의 샘물

03 우리나라 '먹는물관리법'이 제정된 연도는 언제인가?
① 1995년　　　　　　　　② 1990년
③ 1988년　　　　　　　　④ 1999년

04 먹는샘물의 탄산화 등급기준에서 Classic의 탄산화 함유량으로 맞는 것은?
① 0~2.5mg/L　　　　　② 2.5~5mg/L
③ 5~7.5mg/L　　　　　④ 7.5~9mg/L

05 탄산화 정도에 따른 먹는샘물의 서비스 온도가 바르게 짝지어진 것은?
① 볼드 워터 – 16℃
② 라이트 워터 – 14℃
③ 클래식 워터 – 15℃
④ 에퍼베슨트 워터 – 12℃

06 워터 테이스팅 시 주의해야 할 점으로 잘못된 것은?
① 한 종류의 먹는샘물만 테이스팅한다면, 입에 머금었던 먹는샘물을 뱉을 필요는 없다.
② 워터글라스를 잡을 때는 볼(ball)이 아닌 스템(stem)을 잡는다.
③ 워터글라스에 시음할 먹는샘물을 1/4 정도 따른다.
④ 하나의 먹는샘물 감정이 끝나면 바로 다음 먹는샘물 감정을 진행한다.

07 세계 10대 먹는샘물이 아닌 것은?
① 게롤슈타이너(Gerolsteiner)
② 콘스렉스(Contrex)
③ 아이슬랜딕 그레시얼(Icelandic glacial)
④ 페라렐레(Ferrarelle)

08 새벽에 처음 길은 우물물로 약재를 달일 때 사용한 물은?
① 정화수　　　　　　　　　② 한천수
③ 납설수　　　　　　　　　④ 옥정수

09 Michael Mascha 박사의 음식과 먹는샘물의 조화규칙을 맞게 짝지은 것은?
① 탄산화 70% − 미네랄 함유량 25% − pH 5%
② 탄산화 60% − 미네랄 함유량 30% − pH 10%
③ 탄산화 70% − 미네랄 함유량 20% − pH 10%
④ 탄산화 75% − 미네랄 함유량 20% − pH 5%

10 물 전문가 후지타 고이치로가 발표한 세계 장수촌 물의 특징이 아닌 것은?
① 육각수
② 약산성
③ 높은 경도
④ 해발 2000미터 이상 높이의 산에서 흘러내리는 계곡물

11 나트륨과 함께 작용하며 체내의 수분량을 조절하고 산과 알칼리와 균형을 맞추는 미네랄은 무엇인가?
① 칼슘　　　　　　　　　　② 규산
③ 칼륨　　　　　　　　　　④ 중탄산염

12 질산염 함유량에 따른 순수도가 알맞게 짝지어진 것은?
① 0~1mg/L – Superior
② 1~4mg/L – Good
③ 10~50mg/L – Acceptable
④ 4~7mg/L – Portable

13 다음 중 천연 탄산수가 아닌 것은?
① 아폴리나리스(Apollinaris)
② 게롤슈타이너(Gerolsteiner)
③ 티 난트(Ty nant)
④ 바두와(Badoit)

14 워터 테이스팅에서 '풍미(Sapidity)'와 관계가 있는 것은?
① 나트륨
② 칼슘
③ 칼륨
④ 마그네슘

15 스위스에 본사를 둔 네슬레(Nestle)사의 주요 생수 브랜드는?
① 에비앙(Evian)
② 판나(Panna)
③ 바두와(Badoit)
④ 볼빅(Volvic)

16 음식별 요리와 어울리는 생수로 알맞게 짝지어진 것은?
① 전채요리 오드블 – 라이트워터
② 스프 – 스틸워터
③ 생선요리 – 볼드워터
④ 소고기 스테이크 – 클래식워터

17 해양심층수로 인정받기 위한 조건으로 잘못된 것은?
① 중금속 오염이 적어야 함
② 코발트나 알루미늄이 많아야 함
③ 미네랄이 표층수보다 풍부해야 함
④ 물의 분해산물인 영양염류가 풍부하여 영양성이 높아야 함

18 아쿠아 판나(Aqua Pannna)에 대한 설명으로 잘못된 것은?
① 국제소믈리에협회(ASI)의 공식 먹는샘물로 지정
② 현재의 병 모양은 1920년에 디자인
③ 판나 빌라(Panna Villa)로부터 유래
④ 미국에서 생산

19 차를 우리기에 좋은 물로 바르게 짝지어진 것은?
① 우롱차 – 탄산수
② 녹차 – 경수
③ 보이차 – 중경수
④ 홍차 – 연수

20 지하수가 지표상으로 분출하는 우물이면서 지표 위로 분출하지 않더라도 수위가 우물 속 대수층이 상면보다 높은 물은 무엇인가?
① 자분정　　　　　　　　　　② 용천
③ 개울　　　　　　　　　　　④ 광천

※ 다음 문제를 읽고 정답을 서술하시오. (단답형: 배점 3점, 총 12점)

01 먹는샘물의 수원지에서 물이 처음 생성된 시기를 무엇이라고 하는가?

02 경도를 나타내는 미네랄의 구성식을 쓰시오.

03 세계 워터 품평대회에서는 '수돗물(Municipal water)-생수(Bottled water)-(　　　)-스파클링 워터(Sparkling water)' 순서로 워터 테이스팅을 한다.

04 세계광천학회에서 선정한 세계 3대 광천수를 쓰시오.

※다음 문제를 읽고 정답을 서술하시오.(1번 8점, 2번 10점 /총18점)

01 워터 소믈리에의 역할에 대해 설명하시오.

02 좋은 먹는샘물의 조건에 대해 서술하시오.

(사)한국국제소믈리에협회(KISA) 시행
2018년 1월 6일(토) 워터 소믈리에 자격검정 정기 필기시험 모범답안

Ⅰ. OX문제(배점 2점 / 총 30점)

01 ×	06 ×	11 ×
02 ×	07 ×	12 ×
03 ○	08 ○	13 ×
04 ×	09 ○	14 ○
05 ○	10 ○	15 ○

Ⅱ. 선택형문제(배점 2점 / 총 40점)

01 ④	06 ④	11 ③	16 ④
02 ③	07 ②	12 ①	17 ②
03 ①	08 ①	13 ③	18 ④
04 ③	09 ④	14 ①	19 ③
05 ②	10 ②	15 ②	20 ①

Ⅲ. 단답형문제(배점 3점 / 총 12점)

01 물의 빈티지(vintage)
02 경도=(칼슘×2.5)+(마그네슘×4)
03 스틸 워터(Still water)
04 한국 초정리 약수, 미국 샤스턴 광천수, 영국 나폴리나스 광천수

Ⅳ. 서술형문제(총 18점)

01
- 최신 정보를 바탕으로 먹는샘물을 구매하는 프로세스를 갖춰야 한다.
- 체계적인 구매와 함께 재고관리도 담당한다.
- 영업장의 매출액 증대에 기여한다.
- 음식과 생수의 조화 능력을 갖추어 차별화된 서비스를 제공한다.

02
- 물속에 유해한 물질이 들어있지 않아야 함
- 미네랄 성분은 균형있게 함유하고 있어야 함
- 산소와 탄산가스가 충분히 녹아 있어야 함
- 물의 경도가 너무 높지 않아야 함
- 약알칼리성이고, pH 6.5~9.5가 적당함
- 항산화 물질이나 체내효소의 활동을 저하시키지 않아야 함

부록

14

〈2018년 소믈리에 자격검정 일정〉

회차	일 정	장 소	자격종목
제1차	2018.01.06(토) 필기	서울, 대전, 광주, 대구	• 마스터 소믈리에 • 어드밴스드 소믈리에 • 소믈리에 • 워터 소믈리에 • 티 소믈리에 • 전통주 소믈리에 • 한국와인 소믈리에
	2018.01.20(토) 실기	서울, 대전, 광주, 대구	
제2차	2018.05.12(토) 필기	서울, 대전, 광주, 부산	• 소믈리에 • 워터 소믈리에 • 티 소믈리에 • 전통주 소믈리에 • 한국와인 소믈리에
	2018.05.19(토) 실기	서울, 대전, 광주, 부산	
제3차	2018.07.07(토) 필기	서울, 대전, 광주, 부산	• 마스터 소믈리에 • 어드밴스드 소믈리에 • 소믈리에 • 워터 소믈리에 • 티 소믈리에 • 전통주 소믈리에 • 한국와인 소믈리에
	2018.07.14(토) 실기	서울, 대전, 광주, 부산	
제4차	2018.11.17(토) 필기	서울, 대전, 광주, 대구	• 소믈리에 • 워터 소믈리에 • 티 소믈리에 • 전통주 소믈리에 • 한국와인 소믈리에
	2018.11.24(토) 실기	서울, 대전, 광주, 대구	

워터 소믈리에 자격 관리규정

제1장 총칙

제1조 (목적)
이 규정은 (사)한국국제소믈리에협회(KISA)가 시행하는 워터 소믈리에 자격 관리에 관한 사항을 규정함을 목적으로 한다.

제2조 (워터 소믈리에 자격과 등급)
워터 소믈리에 자격 관리는 법령 등 별도의 규정이 없는 한 이 규정에 따른다.

제3조 (자격 명칭 구분)
워터 소믈리에 자격은 마스터, 어드밴스드, 인터미디에이트 총 3개의 등급과 명칭을 갖는다.

제4조 (자격의 정의)
워터 소믈리에 자격은 외식산업 전반에 대한 전문가로서 워터에 대한 지식을 이해하고 있는 자를 대상으로 (사)한국국제소믈리에협회가 이 규정에 의거 시행한 시험에 합격한 자를 말한다.

제5조 (용어의 정의)
이 규정에서 사용하는 용어의 정의는 다음과 같다.
　1. "본회"라 함은 "사단법인 한국국제소믈리에협회(KISA)"를 말한다.
　2. "규정"이라 함은 본회의 "워터 소믈리에 자격 관리 규정"을 말한다.
　3. "자격검정 위원회"라 함은 본회 산하의 "시험 관리자격검정 위원회"를 말한다.
　4. "시험"이라 함은 "자격시험 응시대상자"가 치르는 시험을 총칭한다.
　5. "시험"이라 함은 "일반대상자"가 치르는 "워터 소믈리에 시험"을 말한다.
　6. "교육"이라 함은 다음 각 호의 경우를 총칭하는 것을 말한다. ① 강의 (직접 강의, 가상 강의, 영상 강의 등) ② 토론 (포럼, 심포지엄, 세미나, 공개토론회〈페널디스커션〉 등) ③ 연수 ④ 국내외 세미나 참석
　7. "일반 대상자"라 함은 "시험 등급별 응시 대상자"를 말한다.

제2장 필기시험

제6조(응시 자격)
워터 소믈리에 응시 자격은 다음과 같다.

자격종목	등급	응시자격
워터 소믈리에 자격증	마스터 (Master)	1. 워터 소믈리에 어드밴스드 자격을 취득한 후 5년 이상된 자 2. 해외에서 워터 소믈리에 어드밴스드자격증을 취득한 후 워터 관련 직무분야에서 5년 이상 근무한 자 3. 국제소믈리에협회(ASI)와 사단법인 한국국제소믈리에협회가 공동으로 공인하는 워터 전문교육기관에서 워터 소믈리에 특별교육(200시간 이상)을 이수하고 워터 관련 직무분야에서 4년 이상 근무한 자
	어드밴스드 (Advanced)	1. 워터 소믈리에 인터미디에이트자격을 취득한 후 2년 이상된 자 2. 국내 교육 인적자원부 인정 워터·소믈리에 학과 석사과정 이수한 자 3. 국제소믈리에협회(ASI)와 사단법인 한국국제소믈리에협회가 공동으로 공인하는 워터전문교육기관에서 워터 소믈리에특별교육(200시간 이상)을 이수한 자 4. 대학(2년제/4년제)의 워터관련학과를 졸업한 자로 워터관련 직무분야에서 3년 이상 근무한 자 5. 워터관련 직무분야에서 5년 이상 실무에 근무한 자 6. 해외에서 워터 소믈리에 자격증 취득한 후 2년 이상 근무한 자
	인터미디에이트 (Intermediate)	1. 관광관련 고등학교에서 워터/먹는샘물 특별과목을 1과목 이상 이수한 자 2. 대학(2년제/4년제)의 워터/먹는샘물 관련학과를 졸업한 자 3. 대학(2년제/4년제)의 호텔, 외식관련학과에서 소정의 워터/먹는샘물 교과목을 1과목 이상 이수한 자 4. 국내·외 워터/먹는샘물 관련 학원 또는 대학의 특별과정에서 3개월(48시간) 이상 교육과정을 수료한 자 5. 워터/먹는샘물관련 직무분야에서 실무에 1년 이상 근무한 자 6. 사단법인 한국국제소믈리에협회(혹은 한국와인소믈리에학회)가 공인하는 워터 소믈리에 특별교육과정을 수료한 자 7. 외국에서 동일한 등급 및 종목에 해당하는 자격을 취득한 자

제7조(응시 절차 및 구비 서류)
워터 소믈리에 자격을 취득하고자 하는 자는 다음 각 항의 서류를 구비하여 자격시험에 응시하여야 한다.
1. 일반 대상 응시자의 응시 절차 및 구비 서류는 다음 각 호와 같다.
   ① 응시 원서 1부
   ② 재직 증명서 또는 경력 증명서 1부

③ 주민등록등본 1부
④ 학력증명서(졸업, 재학) 또는 학원 수강 수료증(수강시간 표시) 1부
⑤ 소정의 응시료

제8조 (반환 금지 및 제한)
워터 소믈리에 자격 취득을 위하여 제출한 응시 원서 및 제 증명 서류는 일체 반환하지 않는다. 단, 접수 마감 전에 응시를 취소한 자에 한하여 응시료의 100%, 4일전 50%를 반환 받을 수 있으며 3일 이내는 환불조치를 받을 수 없다.

제9조 (시험시행 일정 등)
워터 소믈리에 자격시험은 정기시험과 특별시험으로 나뉘어 실시되며 시행 일정은 다음과 같다.
1. 시험은 년 4회 실시하되 그 시기는 매년 1월, 5월 7월과 11월에 시행하되, 필요에 따라 특별시험을 시행할 수 있다.
2. 워터 소믈리에 시험관리 자격검정 위원회는 매년 초 당해 연도 시험 일정에 대한 세부계획을 공고하여야 한다. 단, 부득이하게 일정을 조정할 경우에는 시험 시행 1개월 전에 공고하여야 한다.

제10조 (자격검정)
① 워터 소믈리에 시험 기준은 다음과 같다.

자격종목	등급	검정기준
워터 소믈리에 자격증	마스터 (Master)	세계 각국 워터의 상급 지식을 갖추고 워터구매 및 칵테일, 워터 리스트 작성, 블라인드 테이스팅, 지질학적 분석, 워터 기능별 분석, 워터바 창업지원, 컨설팅, 음식과 워터의 조화 및 서비스를 수행할 수 있는 능력 검정
	어드밴스드 (Advanced)	세계 각국 워터의 중급 지식을 갖추고 기능성 워터구매 및 블라인드 테이스팅 능력으로 음식과 워터의 조화 및 서비스를 수행할 수 있는 능력 검정
	인터미디에이트 (Intermediate)	세계 각국 워터의 초급 지식을 갖추고 워터 구분 및 추천 능력으로 음식과 워터의 조화 및 서비스를 수행할 수 있는 능력 검정

② 워터 소믈리에 시험 과목은 다음과 같다.

자격종목	등급	검정방법	검정 과목(분야 또는 영역)
워터 소믈리에 자격증	마스터 (Master)	필기	• 워터학 개론
		실기	• 블라인드 테이스팅 • 워터칵테일 • 지질학적 기능성 워터 • 음식과 워터의 조화 • 워터리스트 작성
	어드밴스드 (Advanced)	필기	• 워터학 개론
		실기	• 블라인드 테이스팅 • 워터서비스 • 음식과 워터의 조화
	인터미디에이트 (Intermediate)	필기	• 워터학 개론
		실기	• 블라인드 테이스팅

③ 워터 소믈리에 시험 검정방법 및 합격기준은 다음과 같다.

자격종목	등급	검정방법	검정시행 형태	합격기준
워터 소믈리에 자격증	마스터 (Master)	필기	60분간 총 40문제	총 100점 중 60점 이상
		실기	• 블라인드 테이스팅 : 120분간 총 150점 • 워터칵테일: 10분간 총 10점 • 지질학적 기능성 워터: 10분간 총 10점 • 음식과 워터의 조화 10점 • 워터리스트작성 10점 • 구술시험 10점	총 200점 중 120점 이상
	어드밴스드 (Advanced)	필기	60분간 총 40문제	총 100점 중 60점 이상
		실기	• 블라인드 테이스팅 : 60분간 총 60점 • 워터서비스 10점 • 음식과 워터의 조화 20점 • 구술시험 10점	총 100점 중 60점 이상
	인터미디에이트 (Intermediate)	필기	60분간 총 40문제	총 100점 중 60점 이상
		실기	• 블라인드 테이스팅 : 60분간 총 50점 • 구술시험 50점	총 100점 중 60점 이상

④ 워터 소믈리에 시험 응시자격은 다음과 같다.

자격종목	등급	응시자격
워터 소믈리에 자격증	마스터 (Master)	1. 워터 소믈리에 어드밴스드 자격을 취득한 후 5년 이상된 자 2. 해외에서 워터 소믈리에 어드밴스드 자격증을 취득한 후 워터 관련 직무분야에서 5년 이상 근무한 자 3. 국제소믈리에협회(ASI)와 사단법인 한국국제소믈리에협회가 공동으로 공인하는 워터 전문교육기관에서 워터 소믈리에 특별교육(200시간 이상)을 이수하고 워터 관련 직무분야에서 4년 이상 근무한 자
	어드밴스드 (Advanced)	1. 워터 소믈리에 인터미디에이트 자격을 취득한 후 2년 이상된 자 2. 국내 교육 인적자원부 인정 워터·소믈리에 학과 석사과정 이수한 자 3. 국제소믈리에협회(ASI)와 사단법인 한국국제소믈리에협회가 공동으로 공인하는 워터전문교육기관에서 워터 소믈리에특별교육(200시간 이상)을 이수한 자 4. 대학(2년제/4년제)의 워터관련학과를 졸업한 자로 워터관련 직무분야에서 3년 이상 근무한 자 5. 워터관련 직무분야에서 5년 이상 실무에 근무한 자 6. 해외에서 워터 소믈리에 자격증 취득한 후 2년 이상 근무한 자
	인터미디에이트 (Intermediate)	1. 관광관련 고등학교에서 워터/먹는샘물 특별과목을 1과목 이상 이수한 자 2. 대학(2년제/4년제)의 워터/먹는샘물 관련 학과를 졸업한 자 3. 대학(2년제/4년제)의 호텔, 외식관련 학과에서 소정의 워터/먹는샘물 교과목을 1과목 이상 이수한 자 4. 국내·외 워터/먹는샘물 관련 학원 또는 대학의 특별과정에서 3개월(48시간) 이상 교육과정을 수료한 자 5. 워터/먹는샘물관련 직무분야에서 실무에 1년 이상 근무한 자 6. 사단법인 한국국제소믈리에협회(혹은 한국와인소믈리에학회)가 공인하는 워터 소믈리에 특별교육과정을 수료한 자 7. 외국에서 동일한 등급 및 종목에 해당하는 자격을 취득한 자

⑤ 워터 소믈리에 시험 유효기간은 발행일로부터 만 5년이다.

3장 실기시험

제11조(합격 기준)
워터 소믈리에의 합격 기준은 다음과 같다.
1. 인터미디에이트는 필기 및 실기시험은 과목별 100점 만점에 평균 60점 이상 득점하여야 한다.
2. 어드밴스드는 필기시험 100점 만점에 평균 60점 이상, 실기시험은 100점 만점에 평균 60점 이상 득점하여야 한다.
3. 마스터는 필기시험 100점 만점에 평균 60점 이상, 실기시험은 200점 만점에 평균 120점 이상 득점하여야 한다.

제4장 교육

제12조 (보수 교육 대상)
워터 소믈리에 자격증 소지자로서 자격증 발급일 또는 갱신등록일로부터 만 5년이 경과한 자격증 소지자는 보수 교육 대상자가 된다.

제13조 (보수 교육 일반 등)
워터 소믈리에 자격증 소지자는 본회 또는 본회가 지정하는 기관이나 단체에서 시행하는 보수 교육을 다음과 같이 이수하여야 한다.
1. 보수 교육은 4시간으로 한다.
2. 보수 교육은 직접 교육을 원칙으로 하되 가상 교육 또는 영상 교육을 병행 실시하거나 대체할 수 있다.
3. 보수 교육 실시 시기는 매년 5월과 11월에 실시하는 것을 원칙으로 하되 부득이하게 일정을 변경할 경우에는 교육 시행 1개월 전에 본회 홈페이지를 통하여 공고해야 한다.
4. 보수 교육 대상자는 소정의 교육비를 납부하여야 한다.
5. 보수 교육에 대한 세부 계획은 자격검정 위원회에서 정한다.

제5장 자격증

제14조 (자격증 발급 등)
워터 소믈리에 자격증 발급은 다음과 같다.
1. 소정의 전형을 거쳐 시험에 합격한 자

제15조 (자격증 재발급)
워터 소믈리에 자격증을 재발급 받고자 하는 경우에는 다음의 구비서류를 제출하여야 한다.
   1. 자격증 재발급 신청서 1부 (본회 소정 양식)
   2. 사진 1매
   3. 소정의 재발급비

제16조 (자격증 갱신 등)
워터 소믈리에 자격증 소지자는 자격증 발급일 또는 갱신 등록 후 만 5년이 경과한 날로부터 90일 이내에 소정의 보수 교육을 받고 갱신 등록하여야 한다.

제17조 (자격 정지 및 취소 등)
워터 소믈리에 자격증 소지자는 다음의 경우 자격이 정지되거나 취소될 수 있다.
   1. 자격증 갱신 등록을 아니한 때
   2. 자격증을 타인에게 양도하거나 대여한 경우
   3. 자격증과 관련되거나 또는 이용하여 범죄행위가 발생한 경우

제6장 자격검정 위원회

제18조 (자격검정 위원회 설치)
워터 소믈리에 자격시험을 공정하고 효율적으로 관리하기 위하여 본회 산하에 자격검정 위원회를 두며, 필요한 경우 각급 전문분과 자격검정 위원회를 둘 수 있다.

제19조 (자격검정 위원회 구성)
워터 소믈리에 시험 관리를 위한 각 자격검정 위원회의 구성은 다음과 같다.
   1. 본회는 워터관련 전공교수 및 관련 전문가 10명 내외로 위원장 및 위원을 위촉하여 자격검정 위원회를 구성한다.
   2. 본 시험의 효율성을 기하기 위하여 자격검정 위원장은 각급 전문분과 자격검정 위원회를 구성할 수 있다.

제20조 (자격검정 위원회 임기)
자격검정 위원회 위원의 임기는 1년으로 하고 연임할 수 있다. 단 결원으로 인해 새로이 위촉된 위원의 임기는 전임자의 잔여기간으로 한다.

제21조 (자격검정 위원회의 기능)
자격검정 위원회는 워터 소믈리에 시험 관리를 위하여 다음 사항을 심의하고 검정관리팀은 다음과 같이 업무를 분담하여 수행한다.

① 검정기획담당자는 다음 각 호의 업무를 수행한다.
   1. 검정 시행계획의 수립 및 공고 등에 관한 사항
   2. 원서접수 · 시험장소 및 시험감독 등에 관한 사항
   3. 국가기술자격취득자 관리 및 자격증 교부 · 관리에 관한 사항
   4. 검정업무 지도 · 감독에 관한 사항
   5. 검정업무 제도개선에 관한 사항
   6. 국가기술자격검정사업의 회계처리에 관한 사항
   7. 그 밖에 민간자격 검정의 관리 · 운영에 관한 사항
② 출제 · 채점 담당자는 다음 각 호의 업무를 수행한다.
   1. 검정 출제기준의 작성 및 변경에 관한 사항
   2. 검정의 필기 · 실기 시험문제의 출제, 관리 및 인쇄에 관한 사항
   3. 채점 및 합격발표에 관한 사항
③ 검정관리 담당자는 다음 각 호의 업무를 수행한다.
   1. 원서접수 · 시험장소 및 시험감독 등에 관한 사항
   2. 자격취득자 관리 및 자격증 교부 · 관리에 관한 사항
   3. 검정의 집행(수험원서 접수, 감독위원등의 배치, 시험장 설치, 검정 시행 등)에 관한 사항
   4. 자격취득자 사후관리에 관한 사항

제7장 보 칙

제22조 (공고)
워터 소믈리에 시험 관리 사항에 대하여 공고할 사항은 본 회 홈페이지에 공고함을 원칙으로 하고 필요한 경우 일간지에 게재할 수 있다.

제23조 (준용)
이 규정에 규정하지 않은 사항에 관하여서는 민간자격기본법의 관련 법규와 국가자격증 시험 관리에 관한 제 규정 및 일반 관계에 따른다.

제24조 (시행 세칙)
이 규정 시행 상 필요한 사항은 시행 세칙으로 따로 정한다.

부 칙
이 규정은 2015년 9월 1일부터 시행한다.

워터 소믈리에 자격증 자격제도 운영 세칙

제정 : 2015 . 8 . 12

제1조(목적) 이 세칙은 (사)한국국제소믈리에협회(KISA)(이하 "본회"라 한다)의 워터 소믈리에 자격제도 운영 규정(이하 "규정"이라 한다)의 시행에 필요한 세부사항을 정하는 데 있다.

제2조(시험의 실기시기) 규정 제3조에 의한 워터 소믈리에 자격시험(이하 "시험"이라 한다)은 매년 4회 실시를 원칙으로 하며, 시험은 시험시행 1개월 전에 시험의 응시자격 · 시험과목 · 장소 · 응시절차 등 시험에 필요한 사항을 본회 홈페이지(www.winekisa.com)에 공고한다.

제3조(원서교부 및 접수) 규정 제 12조의 응시원서 교부와 접수의 절차와 방법은 다음 각 호와 같으며, 원서접수 시 규정 제7조 4항에 정한 증명서류를 첨부하여야 한다.
  ① 원서 교부 및 접수는 우편, 방문, 전자의 방법을 혼용하여 본회에서 시행함을 원칙으로 한다. 다만, 협회장이 필요하다고 인정할 때에는 본회에서 지정한 기관 등에서도 교부 및 접수를 할 수 있다.
  ② 원서접수에 따른 응시번호 부여는 급수별, 지역별로 지정한 응시번호 부여기준에 따라 부여한다.
  ③ 우편 및 전자 접수의 경우 관련 증명자료는 접수일 이후 10일까지 본회에 제출하여야 하며, 응시료는 응시원서 접수 후 2일안에 납부하여야 한다.
  ④ 방문접수의 경우 관련 증명자료와 응시료는 접수 시에 납부하여야 한다.
  ⑤ 원서접수 담당자는 원서기재 사항을 확인하고 접수하여야 한다.
  ⑥ 응시료에 대한 영수증은 별도 발급하지 않고 응시표로 이를 갈음한다. 다만 단체접수 시 수납총액이 기재된 단체접수 영수증을 발급한다.

제4조(시험방법) 규정 제6조의 시험방법은 필기 및 실기시험으로 실시한다.

제5조(시험과목의 범위와 난이도) 규정 제5조 3항과 제 11조에 의한 시험과목의 난이도 및 출제범위는 다음과 같이 조정한다.
  ① 시험과목의 난이도는 과목별 문제 수준에 따라 "상" 20~40%, "중" 40~60%, "하" 20~40%의 비율로 적절히 조절한다.
  ② 자격검정위원회가 시험실시 후 시험과목의 범위와 난이도를 분석하여 나온 분석결과를 등급별 시험과목의 난이도에 반영하여야 한다.

제6조(자격검정위원회의 자격) 규정 제8조의 자격검정위원회의 자격은 워터 소믈리에 1급 자격증을 소지한 자, 또는 관련부서 5년 이상 근무한 경력자이거나 관련 업무에서 10년 이상 근무한 자로 한다.

제7조(출제위원, 연구위원 및 시험위원 위촉) 규정 제10조 및 제11조에 의하여 자격검정위원회에서는 다음 각 호의 1에 해당하는 자를 출제위원, 연구위원 및 시험위원으로 선정하여야 한다.
  ① 호텔, 관광, 외식경영학 관련 박사학위 소지자
  ② 외식관련 분야의 재직자로서 강의 경력이 있는 자
  ③ 국내외 고등교육기관에서 교수로 재직 중인 자
  ④ 관련학과 석사학위 소지자 및 업계 10년 이상 경력자
  ⑤ 위 기준과 동등 이상의 자격이 있다고 본 협회장이 인정한 자

제8조(출제와 선제절차) 시험문제의 출제는 규정 제5조, 제6조, 제8조, 제10조, 제11조에 의하여 다음과 같은 절차를 준수한다.
  ① 자격검정위원회는 시험위원 중에서 위촉하고 시험운영계획(안)을 심의한다.
  ② 시험위원회는 시험내용의 조사·연구를 실시하여 시험과목 출제기준을 설정하여 자격검정위원회에 보고한다.
  ③ 자격검정위원회는 심의·의결을 거쳐 공표하며, 시험문제 출제를 위해 출제위원을 위촉하고 출제기준에 따른 시험문제 출제를 의뢰한다.
  ④ 출제위원에 의해 작성된 시험문제는 본회의 문제은행에 보관되며 관계직원은 문제은행 보안조치를 철저히 취하여야 한다.
  ⑤ 자격검정위원회는 시험문제 선제를 위해 시험위원 중에서 과목별 선제위원을 선발하여 위촉하고 선제회의를 개최한다.
  ⑥ 선제위원은 출제된 문제들의 난이도와 신뢰도, 타당도를 감안하여 급수별로 문제를 선별하여 자격검정위원회에 회부한다.
  ⑦ 자격검정위원회는 급수별 과목별로 출제된 문제를 본회에 제출하면 담당직원은 철저한 보안 속에 시험 문제지를 작성·편집한다.
  ⑧ 편집을 마친 시험문제지는 철저한 보안 속에 인쇄한 후 봉함된 채 시험지 주관부서로 발송한다.

제9조(감동위원 위촉) 규정 제10조에 의하여 자격검정위원회는 다음 각 호의 1에 해당하는 자를 감독위원으로 선정하여야 한다.
  ① 호텔, 관광, 외식경영학 관련 박사학위 소지자
  ② 외식관련 분야의 재직자로서 강의 경력이 있는 자

③ 국내외 고등교육기관에서 교수로 재직 중인 자
④ 관련학과 석사학위 소지자 및 업계 10년 이상 경력자
⑤ 위 기준과 동등 이상의 자격이 있다고 본 협회장이 인정한 자

제10조(감독위원의 임무) 감독위원의 임무는 다음과 같다.
① 본회로부터 시험문제, 답안지, 검정평가용품 등의 인수
② 시험 감독관의 선임 및 응시자 주의사항, 답안지의 기재요령 등 시험 관리에 필요한 사항 등 숙지
③ 시험 관리에 대한 통제, 검정질서 확립 및 대리시험 등 부정한 방법에 의한 시험 방지를 위한 관리·감독
④ 시험 문제 내용 및 시험과 관련된 일체의 보안사항 외부 누설 및 공개 방지
⑤ 시험 종료 후 시험문제지, 답안지, 검정평가용품 등의 회수와 시험결과 보고서는 본회에 인계한다.

제11조(검정실시 및 장소선정) 검정실시 장소는 지역별 접수 예상인원을 정확히 판단하여 확보하여야 하며, 시험공고 시 공고하여야 한다.
다만 시험공고 후 부득이 시험장소를 조정·변경하고자 하는 경우에는 시험 대상자 개인에게 즉시 알려야 한다.

제12조(수험장 관리) 수험장은 다음 기준으로 관리한다.
① 수험장은 본회에서 지정한 지역별 대행소에서 지원하며, 시험 감독은 본회의 감독위원이 총괄한다. 시험 감독요원은 1실 시험인원 40명 기준에 1인의 감독요원을 배정하고 40명이 추가될 때마다 추가 감독요원을 배정한다.
② 시험은 등급별로 실시하되 전체 응시인원이 40명 이하일 경우에는 공간을 분리하여 1실에서 실시할 수 있다.
③ 시험 감독요원은 시험실시에 앞서 수험장 게시, 수험장에 수험번호 부착, 수험장 정리 등의 준비업무를 수행하고, 시험실시 시에 응시자의 수험번호와 신분증을 통한 본인 확인 작업을 수행해야 한다.
④ 시험은 공정성을 유지하기 위해 시간을 철저히 엄수하여야 하며, 필기시험 60분이 주어지고 10분의 휴식 및 준비시간 후 다시 시험이 시작되도록 한다. 따라서 시험 시작 5분 전에 시험지가 배포되기 위해 입석완료가 조기에 이루어지도록 지도를 해야 한다.
⑤ 시험이 시작되기 전 감독자는 다른 응시자들의 시험에 방해가 되지 않도록 응시자들에게 주의(예, 휴대폰 금지 등)를 주고, 책상 위에 필기구, 신분증, 시계 등을 제외한 소지품은 별도 분리하게 한다.
⑥ 시험문제는 본회의 지적재산에 해당되므로 외부에 유출을 방지해야 한다. 문제지는 응시자 수의 분량에 맞추어 배부를 하고 반드시 회수를 해야 한다.

⑦ 시험이 이루어진 후 감독자는 응시자의 본인 확인 작업을 수행하고 동시에 답안지 및 시험문제지에 감독자 확인을 해야 한다.
⑧ 응시명단에서 누락된 응시자가 발생할 경우 우선 시험을 볼 수 있도록 한 후 응시자의 신분을 본회에 보고해야 한다.

제13조(채점위원 위촉) 규정 제10조에 의한 자격검정위원회는 다음 각 호에 해당하는 자를 채점위원으로 선임하여 본회에 추천하고, 임명은 위원장이 한다.
① 호텔, 관광, 외식경영학 관련 박사학위 소지자
② 외식관련 분야의 재직자로서 강의 경력이 있는 자
③ 국내외 고등교육기관에서 교수로 재직 중인 자
④ 관련학과 석사학위 소지자 및 업계 10년 이상 경력자
⑤ 위 기준과 동등 이상의 자격이 있다고 본 협회장이 인정한 자

제14조(시험답안지 채점 방법) 시험답안지 채점 방법은 다음과 같다.
① 채점위원은 출제위원이 문제의 출제 시 채점기준과 모범답안을 작성한다.
② 시험문제지와 답안지는 본회에서 회수한다.
③ 채점은 수검자별로 1인 이상의 채점위원이 채점하고 1명 이상의 채점위원이 확인한다.

제15조(답안지 관리) 답안지는 다음과 같이 관리한다.
① 관계직원은 시험문제지와 답안지 회수 시, 인수인계확인서를 작성하여야 하고 시험문제지와 답안지 개수를 확인한다.
② 회수된 시험문제지는 영수고 금고에 2년간 보관하고, 답안지는 공정한 채점을 위해서 변경, 훼손 또는 분실되지 않도록 본회 금고에 2년간 보관하고 외부인의 출입을 통제한다.
③ 채점위원은 본회 내 통제된 장소에서 채점하여야 하며, 이 경우 외부인의 출입을 통제하여야 한다.
④ 채점이 끝난 답안지는 시험문제지와 함께 2년간 보관하며, 응시자의 답안지 열람 신청 시 이를 허용할 수 있다.

제16조(보안) 자격시험 및 시험지 관리에 대한 보안은 다음과 같다.
① 자격관리위원, 연구위원 및 관계직원은 검정관련 작업을 시작하기 전에 보안서약서를 작성하여 보안에 대한 책임을 지고 업무를 수행한다.
② 시험문제 출제 의뢰 시 출제기준 및 지침, 보안서약서, 출제위원 위촉승낙서, 문제카드, 반송용봉투를 문제봉함봉투에 넣어 봉한 후 날인하여 관계직원에 의해 직접 전달한다.
③ 출제 의뢰한 시험문제 회수 시 출제자는 문제카드를 동봉한 반송용 문제봉함봉투를 위촉 승낙서 등 출제 의뢰 시 송부한 모든 관련 자료와 함께 넣어 봉한 후 날인하여 직접 제출 해야 한다.

④ 본회로 송부된 문제 봉함봉투는 관계직원에 의해 개봉하며 수집된 문제는 자격검정위원회가 열리기 전 까지 본회 금고의 문제은행에 보관한다.
⑤ 문제은행에서 외부로의 문제지 반출은 관계직원에 의하며 시험이 끝나기 전까지 문제은행 관리대장에 의해 관리되어야 한다.
⑥ 시험문제지의 인쇄 시, 본회의 관계직원 2인의 감독아래 문제지를 인쇄하고 인쇄된 시험문제지는 봉인날인 하여 관계 직원과 함께 본회로 운반하여 본회 금고에 보관한다.
⑦ 수집·보관된 시험문제는 자격검정위원회의 허가에 의하지 않고는 공개하지 아니한다.
⑧ 시험장소로의 시험문제지 이송은 봉인 후 날인을 하여 보안이 가능한 관계직원에 의뢰하여 실행 1일 전 시험 감독 위원에게 운송한다.
⑨ 운송된 시험문제지의 보안을 위하여 시험 감독위원과 감독관의 시험문제 인수 인계서를 작성하여 시험이 실시된 후 답안지 등과 함께 봉인 후 날인하여 특송업체에 의해 취합한다.
⑩ 시험문제와 관련된 모든 자료를 관계직원 이외의 외부인에게 전달함에 있어서는 인수인계확인서를 작성한다.
⑪ 관계직원은 시험이 끝난 후 시험문제 출제를 위해 본회 내 컴퓨터 등 기록 장치에 저장된 시험문제를 모두 삭제하고 등급별 시험과목 문제지를 외부 전산장치에 저장하여 문제은행에 보관한다.

제17조(보수교육) ① 규정 제 16조에 의하여 워터 소믈리에의 자격인정을 받은 자가 취득한 자격의 효력을 유지하기 위해서는 합격 후 및 자격 취득 후 다음과 같은 전문화 교육 및 보수교육을 받아야 한다.
 1. 워터 소믈리에 자격을 취득한 자는 전문화교육을 받아야 한다.
 2. 워터 소믈리에 자격을 취득한 자는 취득 후 5년간 4시간의 보수교육을 받아야 한다.
② 전문화교육 및 보수교육에 대한 지침은 다음 각 호와 같다.
 1. (교육목표) 워터 소믈리에로서의 직무수행태도, 관리능력, 전문지식 및 기능을 습득케 하고 능력을 효율적으로 개발하여 소양 및 자질을 갖춘 유능한 인재로 양성함으로써 워터 소믈리에 자격제도의 이념을 실현하고 외식산업 발전에 기여하게 함을 목적으로 한다.
 2. (교육계획) 본회는 매년 초 교육방침 및 교육목표에 관한 연간계획서를 다음과 같이 수립하여 자격검정위원회의 승인을 받아야 한다. 이를 변경할 때에도 또한 같다.
  가. 교육과정 및 예정인원
  나. 교육대상 자격종목 및 교육과정
  다. 교육방법 및 교육시간
  라. 교육에 소요되는 경비
  마. 강사에 관한 사항
  바. 기타 교육에 관한 필요한 사항

3. (교육의 방법) 교육은 외식서비스 경영학과와 관련된 강의, 사례연구, 실습 및 기타의 방법 중 당해 교육과정에 적합한 교육방법으로 실시하여야 한다.
4. (교육비) 교육비는 보수교육을 받는 자가 부담하는 것을 원칙으로 한다.
5. (교육수료 및 평가) 교육과정 및 평가는 다음과 같다.
   가. 교육과정 중 교육의 성과를 높이기 위하여 각 단계별 교육결과를 평가할 수 있다.
   나. 교육이수 성적은 필기시험으로 총 100점을 만점으로 하여 70점 이상으로 한다.
   다. 교육 수료 및 과제물 부여, 과목평가, 시험시행 등 평가방법에 대항 제반사항은 자격검정위원회에서 교육과정에 따라 사전 결정하여 공시한다.
6. (기록보관) 본회는 연수교육에 관한 제반 서류를 6년간 보존하여야 한다.

워터소믈리에
자격검정 예상문제집

초 판 | 2018년 4월 20일 발행
지은이 | 고재윤 · 강지원 · 엄선옥 · 이선영 · 최윤진
펴낸이 | 이은경
펴낸곳 | (주)세경북스
주 소 | 서울특별시 서초구 신반포로3길 8, 606호(반포동 반포프라자)
전 화 | 02-596-3596
팩 스 | 02-596-3597
신 고 | 제2013-000189호
정가 : 13,000원

저자와의
협의 하에
인자를
생략함

본 출판사의 동의 없이 내용을 복제하거나 전산장치에 저장 · 전파할 수 없습니다.
Printed in Korea
ISBN : 979-11-5973-113-6 13590